AF665550

Hendrik Blomberg
Melanie Müller

Ménage à Trois

Ein Traum in einem Traum

Erotische Erzählung

Schweitzerhaus Verlag

Schrift * Wort * Ton

Karin Schweitzer

Frangenberg 21 * 51789 Lindlar * Telefon 02266 47 98 211

eMail: mail@schweitzerhaus.de

Copyright: Schweitzerhaus Verlag, Lindlar

Coverbild Clipdealer A58481206

Zeichnungen: Hendrik Blomberg

Satzlayout und Umschlaggestaltung: Karin Schweitzer, Lindlar

Besuchen Sie uns im Internet: www.schweitzerhaus.de

Auflage 2019

ISBN: 978-3-86332-050-8

Das Werk einschließlich aller seiner Teile ist urheberrechtlich geschützt. Jede Verwertung ist ohne Zustimmung des Verlags unzulässig. Das gilt insbesondere für Vervielfältigungen, Microverfilmung und die Einspielung und Verarbeitung in elektronischen Systemen.

Wer am Tag träumt,
wird sich vieler Dinge bewusst,
die dem entgehen,
der nur nachts träumt.

Zitat von E.A. Poe

Inhalt

Tales of Mystery and Imagination
Alan Parsons Projects

Ich selbst hatte noch nie einen Gedanken,
den ich nicht in Worte fassen konnte.
Sogar mit mehr Klarheit, als ich ihn gedacht habe.

Jedoch gibt es eine ganz besondere Art von Fantasien,
von auserlesener Feinheit,
die nicht nur bloße Gedanken sind.
Und wie ich herausgefunden habe,
ist es schier unmöglich sie zu erzählen.

Diese Fantasien entstehen in unserem tiefen Innern,
nur sehr selten,
einzig in kurzen Augenblicken der Ruhe,
wenn das körperliche und mentale Befinden ausgeglichen ist.

Und nur in solchen unheimlichen Momenten,
wenn sich die Grenzen der realen Welt
mit den Worten des Traumes vermischen –

dann fange ich die Fantasie ein.

Denn alles, was wir scheinen oder schaun,
ist nur ein Traum in einem Traum.

Orson Welles, 1987

Nächtliche Phantasien

Haben Sie sich auch schon mal gewünscht, etwas zu tun, was Sie noch nie getan haben?

Hatten Sie schon einmal erotische Träume, die den Schlaf mit Leben füllten? Sexuelle Phantasien, die Sie in der Realität nicht aussprechen würden?

Ich hatte solche Träume.

Mein Leben war bisher zwar abwechslungsreich, mit Gesundheit gesegnet und ich bin glücklich mit Hartmut verheiratet, aber dennoch habe ich das Gefühl, etwas fehlt. Mein Leben ist noch nicht rund und dieses «rund» erfüllte mir eines Tages auf einer Reise, Solveig.

Aber von Anfang an. Also, meine Träume kamen immer dann, wenn ich unerfüllt in meine Kissen versank, mich hin und her wälzte und keinen Schlaf fand. Erst in den frühen Morgenstunden fiel Morpheus über mich her und entführte mich in wilde Träume.

Ich liege im Sand, die Wellen schlagen rhythmisch ans Ufer, die Sonne wärmt mich mit ihren goldenen Strahlen, ich höre das Kreischen der Möwen und bin unendlich entspannt. Unerwartet spüre ich warme, weiche Hände auf meinen Füßen. Ich halte die Luft an, wage es nicht zu atmen. Die Hände erkunden sich langsam einen Weg über meine Beine höher und höher bis hin zu meiner Scham. Sehnsuchtsvoll stöhne ich auf, möchte gar nicht wissen, wer die geheimnisvolle Person ist, die solch wonnige Gefühle durch meinen Körper rinnen lässt. Erregung erfüllt mich und ich will mehr. Die Hände streicheln mich weiter über meinen Bauch und meine Brüste. Sie sind so unendlich zärtlich und ich möchte, dass die Zeit stehenbleibt.

Meine Beine habe ich instinktiv gespreizt und jetzt verwöhnt eine zarte Zungenspitze meine Klit. Sie fährt rund um sie herum und umschließt sie mit ihren warmen Lippen, um dann ihr Zungenspiel fortzuführen. Ich bin wie von Sinnen und sehne den Orgasmus herbei. Aber sie beendet ihr Spiel und küsst mich auf den Mund. 'So können nur Frauen küssen,' denke ich und öffne die

Augenlider. Große schwarze Augen sehen mich lüstern an, es scheinen Flammen aus ihren Augen zu schlagen und ihr Mund befindet sich verführerisch über mir. Meine Arme umfassen ihren Hals und ich ziehe sie zu mir, küsse sie stürmisch. Sie erwidert meinen Kuss und unsere Zungen umschlingen sich ineinander. Die Zeit bleibt stehen. Wir lieben uns, streicheln unsere Körper und unsere intimste Stelle, berühren sie nicht nur mit den Händen, sondern auch mit unseren Zungen und unseren Lippen. Verlieren uns in der Zeit, sind abgerückt vom hier und jetzt und steuern zielstrebig auf unseren Orgasmus zu. Gemeinsam erleben wir die Höhen unseres wilden Fluges, aus dem wir nur langsam erwachen.

Ich schlage noch atemlos meine Augen auf und merke, dass ich nass bin, im Traum hatte ich einen Wahnsinns Orgasmus. Am liebsten würde ich wieder einschlafen und weiter träumen.

Ja, solche Träume hatte und habe ich, möchte gerne einmal mit einer Frau Sex haben, so, wie ich es in meinen Träumen ersehne. Ich habe noch keine Frau gefunden, mit der ich dieses Spiel ausprobieren möchte, habe auch Hemmungen, dies anzusprechen. Und manchmal spielt auch mein Mann in meinen Träumen eine Rolle und wir sind zu dritt. Eine Menage á trois.

Solveig

Letztes Jahr im Juli hatte alles begonnen. Wir waren abends im Möllerfjord auf Spitzbergen vor Anker gegangen. Es war ein Traum. Unser schneeweißes Kreuzfahrtschiff lag in der Mitte des Fjordes auf Reede, eingerahmt von den dunklen schroffen und spitzen Bergspitzen und den weiß-bläulich schimmernden gewaltigen Gletschern, die bis ins Wasser reichten.

Die Tenderboote fuhren schon einige Zeit zwischen einem provisorischen Landungssteg und dem Schiff hin und her und die Seeleute, Stewards und Köche bauten an Land ein riesiges Buffet auf. Die Sonne verwöhnte uns mit schwach wärmenden Sonnenstrahlen und einem tief blauen Himmel, der wie geschaffen war, die Mitternachtssonne würdig zu feiern.

Mein Mann und ich ließen uns ohne Eile um elf Uhr abends im hellen Licht der Sonne mit den Tendern an Land übersetzen und wir genossen es, nach den letzten zwei Seetagen am Packeis entlang, wieder festen Boden unter den Füßen zu haben. Für Mitternacht war ein Champagner Empfang des Kapitäns geplant und an Stelle eines Feuerwerks sollte durch die auf 20 Mann verstärkte Bordkapelle, die nördlichste Aufführung der Feuerwerks-Symphonie von Georg Friedrich Händel dargeboten werden.

Es war der erste warme Tag, 4°. Es sei ein außergewöhnlicher Tag für die Arktis, hatte uns der Kapitän erzählt. Dieser Fjord ist nur drei Monate im Jahr eisfrei und liegt mit seinen 80° nördlicher Breite nur 1000 Kilometer vom Nordpol entfernt.

Eissturmvögel segelten lautlos entlang der Uferlinie, was die Fotografen ermunterte einige Fotos zu schießen. Ein Lagerfeuer brannte knisternd und spendete Wärme, es lud dazu ein, näherzutreten. Es wurden mit Gletschereis gekühlte Getränke gereicht und so nach und nach verbreitete sich eine entspannte, fröhliche Stimmung.

Auf einem sanften Hügel in der Nähe ruhte eine kleine gelbe Schutzhütte, die 1926 vom Norddeutschen Lloyd erbaut wurde. Als mein Mann und ich dort ankam en, es passten nur vier Personen auf einmal hinein, warteten schon etliche Passagiere vor der Türe. Wir sahen uns an und standen geduldig an, bis wir einen Blick in die Hütte erhaschen konnten. Hand in Hand wanderten wir zurück und freuten uns auf das nun fertig aufgebaute kulinarische Erlebnis. Köstlich, mir lieft das Wasser im Mund zusammen und wir ließen uns auf einfachen Holzbänken nieder, nachdem wir uns die Teller mit erlesenen Leckereien gefüllt hatten.

Plötzlich unterbrach der Lärm eines Zodiac Schlauchboot-Motors die Stille. Es hielt auf das Ufer zu und in einer großen Schleife legte das

Boot, in dem vier, in schwere rote Polar-Anoraks eingehüllte Personen saßen, am Landungssteg an. Offiziere unseres Schiffes halfen ihnen beim Festmachen und Aussteigen und alsbald waren die vier eine umlagerte Attraktion. Ich zwängte mich nach vorne durch die Menge der Passagiere und erblickte drei Männer mit furchterregenden bärtigen Gesichtern und eine junge Frau, die gerade ihre Kapuze zurückschlug und einen wilden Schwall hellblonder langer Haare zurecht schüttelte.

Unser Kapitän hieß sie willkommen und sie erzählten gerade über ihre Schlauchbootfahrt, als ich sie erreicht hatte. Sie kamen von einem Biwaklager am Fuße des hinteren linken Gletschers. Einer von ihnen deutete in die Richtung und erzählte in Englisch, dass sie zu einem Forschungsprojekt der Universität Tromsø gehören und mit insgesamt sechs Wissenschaftlern, vier Männern und zwei Frauen, seit über einen Monat in diesem mit bloßem Auge nicht zu erkennenden Biwak vollkommen abgeschieden von der Zivilisation lebten und ihre Forschungen betrieben.

Sie gehörten zum *Tromsø Geophysical Observatory* und sie arbeiteten an einem Projekt, das sie als *The long-term monitoring of the Earth's magnetic field* bezeichneten.

Später, als ich mir meinen Teller noch einmal füllte, stand ich neben der blonden Frau am Buffet, von der ich annahm, dass sie eine Wissenschaftlerin war. Sie hatte ebenfalls einen großen Teller in der Hand und musterte unschlüssig das Angebot an schmackhaften Delikatessen.

«Das ist ja unglaublich, total verrückt. Wahnsinn, was es hier alles gibt!», sprach sie mich plötzlich in Deutsch an.

«Oh, Sie sprechen Deutsch?», antwortete ich.

«Ja, ich war ein Jahr an der Uni in München. Euer Schiff kommt aus Deutschland. Ich habe die Flagge gesehen. Snakker du norsk?»

«Norwegisch? Nein, kein Wort. Heißt das snakker? Das ist lustig. Werde ich mir merken.»

«Das ist irrwitzig hier in dieser Wildnis am Ende der Welt ein solches Buffet vorzufinden. Ich kann es immer noch nicht glauben. Verrückt. Wir leben seit einem Monat von Konserven und dann das hier, vor mir! Ich kann es nicht fassen. Ich weiß gar nicht, wo ich anfangen soll. Splitter gal, crasy, verrückt!»

«Lassen Sie sich ruhig Zeit. Der Kapitän hat Sie eingeladen und das Buffet steht hier bis um zwei Uhr heute Nacht. Wenn ich Ihnen etwas empfehlen darf, da hinten gibt es warmes Essen, zum Beispiel rosarot gebratenes Roastbeef, ganz zart und eine pikante Pfeffersoße.»

«Das ist ja toll. Gebratenes Fleisch habe ich seit Wochen nicht gegessen.»

«Kommen Sie mit, ich zeige es Ihnen.»

«Ich bin Solveig. Kannst ruhig du zu mir sagen, wie alle in Norwegen.»

Ich führte sie zu dem hinteren Teil des Buffets an den Grill. Wir ließen uns die Teller vollpacken und setzten uns auf eine der aufgestellten Bänke.

«Wie heißt du und wo kommst du her?», fragte sie mich.

«Wir sind aus Köln. Ich heiße Ute, bin mit meinem Mann Hartmut an Bord.»

«Hartmut? Wo ist er?»

«Da drüben, beim Bierfass steht er neben dem Offizier. In dem grünen Anorak.»

«Der? Sehr attraktiver Mann!», kam es spontan.

Ich lachte. «Ja, finde ich auch!»

Jetzt lachte sie auch laut und herzlich.

Der Bann war gebrochen und wir unterhielten uns eine Weile ganz zwanglos. Sie erzählte mir von ihrem Biwaklager und dem Leben dort.

«Und ihr seid da mit vier Männern und zwei Frauen?»

«Ja. Imke, meine Kollegin, und Sven mussten zurückbleiben. Wir haben gelost. In unser Schlauchboot passen nur vier Personen, sonst kippt es um – in dem eiskalten Wasser würde ich nicht schwimmen wollen.»

«Hast du denn keine Angst? Hier sind doch so viele kleine Eisschollen. Ich würde in so eine Nussschale nicht einsteigen.»

«Ich mag es auch nicht besonders. Aber wir müssen oft die einzelnen Messstationen besuchen und die Daten ablesen. Über Land geht das nicht, sind viel zu weit auseinander und die Gletscher enden alle im Meer. Außerdem gibt es hier zu viele hungrige Eisbären.»

«Oh je, das wäre was für mich!», rief ich entsetzt aus. «Eisbären? Hier auch?»

«Keine Angst, hier sind zu viele Menschen, da kommen sie nicht hin. Aber Lars hat sein Gewehr mitgenommen. Er nimmt es immer mit.»

«Gewehr? Hier!?»

Sie lachte wieder. «Richtige Männer brauchen immer ein Gewehr, erst recht hier am Eismeer! Außerdem ist es vom Sysselmann in Longyearbyen vorgeschrieben.»

«Sysselmann? Wer ist denn das?»

«Das ist der Gouverneur hier und Longyearbyen ist die Hauptstadt von Svalbart. Ich weiß, die Deutschen sagen immer Spitzbergen, aber der richtige Name ist Svalbart.»

Sie gab mir einen kleinen Stups in die Seite: «Die Männer hier und eure Offiziere werden schon aufpassen. Mmh, das Roastbeef ist super. Ich hole mir noch eins, bevor es die Eisbären stehlen.» Lachend setzte sie sich in Bewegung.

Ängstlich schaute ich um mich. An Eisbären hatte ich zuletzt gedacht. Da erst entdeckte ich zwei Offiziere mit Gewehren - sie waren mir vorher nicht aufgefallen - die am Rande unseres Festes standen und aufpassten.

Ich beobachtete die junge Wissenschaftlerin,

wie sie sich an das Buffet anstellt. Humor hat sie ja, dachte ich, und mutig ist sie auch. So eine junge Frau und dann hier oben in der Wildnis. Ihre Bewegungen, zwar verdeckt unter dem dicken Anorak, waren grazil. Ich bewunderte sie. Sie hatte so viel Mut. Monatelang alleine, von der Welt abgeschieden zu leben, dazu gehört sehr viel Mut.

Mit einem vollen Teller kam sie wieder zurück und setzte sich mit einem eleganten Schwung neben mich.

«Wie klappt das denn so mit dem Zusammenleben mit den Männern?»

«Absolut problemlos», antwortete sie kauend, «Imke und ich haben ein Zelt für uns und langweilig ist uns auch nicht.»

«Einen Monat in einem Zelt leben? Ist das nicht hart?»

Solveig hatte die Frage wohl falsch verstanden, vielleicht hatte ich mich auch unglücklich ausgedrückt.

«Nein, hart ist es überhaupt nicht. Wir haben in Aluminiumfolie eingeschweißte Latexmatratzen, das Neueste auf dem Markt. Sind superleicht und wunderbar weich. Und dann haben Imke und ich einen großen Doppelschlafsack, da wird es uns immer warm», und sie blickte mich grinsend an.

«Einen Doppelschlafsack?», fragte ich mit unschuldiger Miene.

Solveig sah mich einen Moment schweigend

an, verzog ihr Gesicht zu einem breiten, hintergründigen Grinsen: «Hast du noch nie mit einer Frau im Doppelschlafsack geschlafen?»

Dabei startete sie ein so helles lautes Lachen, dass alle in der Nähe stehenden und sitzenden Passagiere ihre Köpfe zu uns drehten.

Diese herzerfrischende Offenheit und dieses Lachen hatten es mir angetan. Ich fühlte mich zu ihr hingezogen und lachte mit. *Sie ist so unglaublich natürlich, so herzerfrischend und so schön. Ihre blitzenden blauen Augen strahlen mit der Sonne um die Wette.* Ich ertappe mich beim Träumen. Ich würde sie gerne näher kennenlernen.

Mein Mann, durch das Lachen auf uns aufmerksam geworden, steuerte in unsere Richtung, in der einen Hand sein Bier und in der anderen seinen Teller. Bei uns angekommen, stellte ich vor: «Das ist Solveig.»

«Schön, Sie kennenzulernen. Ich bin Hartmut.»

Mein Mann stellte sein Geschirr ab, reichte ihr seine Hand und schüttelte sie. Solveig griff kräftig zu. «Ich freue mich auch, Sie kennenzulernen. Mit Ihrer Frau habe ich mich schon angefreundet. Sie hat mich zu dem sagenhaften Roastbeef verführt.»

Hartmut hatte kaum Platz genommen, als er Solveig auch schon mit Fragen bombardierte, die sie geduldig beantwortet. Sie erzählte von ihren wissenschaftlichen Untersuchungen und den ganzen technischen Geräten, die sie in ihrem Biwak benutzten, den Doppelschlafsack erwähnte sie dabei nicht.

«Vor zwei Wochen war ich schon einmal mit Sven und Nils hier. Schau!» Sie zeigte mit dem Finger in eine Richtung. «Ganz dahinten, oben auf dem Berg, steht eine Messeinheit von uns. Wir waren auch in der Schutzhütte. Gemütlich. Ich erzählte meinen Kollegen, dass ich in München gehört hatte, dass diese Hütte Fünf-Sterne-Lloyd Hotel genannt wird. Sie haben sich totgelacht. Und das Beste war, dass sie sogar neue Konserven vorgefunden haben, die ein italienisches Kreuzfahrtschiff da gelassen hatte. Wir haben sie alle mitgenommen. Vielleicht gibt es ja heute neue.»

«Solveig ist aus Tromsø!», erklärte ich Hartmut - und zu Solveig gewandt: «Wir fahren auch noch nach Tromsø. In vier Tagen sind wir dort. Erst zum Nordkap, dann Hammerfest und dann Tromsø.»

Solveig schaute mich verdutzt an. «Ihr kommt nach Tromsø? Könnt ihr Post für mich mitnehmen?» Sie griff in die Innentasche ihres weiten Anoraks und holte einen ganzen Stoß zusammengebundener Briefe heraus. «Ich hatte mir gedacht, ich könne jemand von dem Schiff fragen meine Post mitzunehmen und einzuwerfen. Das wäre ja toll, wenn du sie mitnehmen könntest. Sind alles Briefe für meine Mama.»

«Ja, natürlich machen wir das», antwortete ich spontan.

«Leben Sie sonst in Tromsø?», warf mein Mann ein.

«Ja, ich studiere an der Universität Tromsø Geologie. Schwerpunkt Erdmagnetfeld. Das interessiert mich ungemein.»

«Erdmagnetfeld? Ist das nicht immer am Nordpol?»

Die Studentin lachte: «Nein, so ist das gar nicht. Viel komplizierter. Erstmal ist der magnetische Nordpol nicht am Nordpol, sondern viel weiter südlich in Kanada und das Interessanteste ist, er wandert. Und das verfolgen wir.»

Das war für mich neu: «Er wandert?»

«Ja, jedes Jahr etwas - und es kann sein, dass er mit dem Südpol tauscht.»

«Wie das? Er tauscht mit dem Südpol? Das kann ich mir aber nicht vorstellen.»

«Es ist aber so. Etwa alle 150 Millionen Jahre wechseln der Süd- und Nordpol und das hat große Auswirkungen auf das Klima und für die Menschheit.»

«Na, ja», meinte mein Mann süffisant, «Da haben Sie noch jede Menge Zeit, das herauszufinden.»

Wir lachten herzlich. Aber Solveig ließ sich nicht aus der Ruhe bringen. Sie erklärte meinem Mann im Einzelnen, wie sie das Magnetfeld messen und auf was sie alles achten mussten. Man spürte, dass sie sich sehr engagiert mit dieser Forschungsaufgabe befasste.

Schließlich sagte sie: «Nächstes Jahr möchte ich an einer Expedition zum Südpol teilnehmen.

Die Universität München in Deutschland sucht Wissenschaftler für die Magnetfeldforschung. Ich habe mich vor zwei Monaten schon beworben. Es wäre toll, wenn bei meiner Heimkehr nach Tromsø schon Post eingetroffen wäre. Hoffentlich laden sie mich zu einem Vorstellungsgespräch ein.»

«Dann kommst du uns besuchen!», warf ich ein, «du bist recht herzlich eingeladen und kannst gerne ein paar Tage bei uns in Köln bleiben.»

«Ja, gerne. Wenn das möglich ist. Köln kenne ich nicht.»

«Ja, komm zu uns. Wir haben ein großes Gästezimmer und wir freuen uns immer über Besuch. Hartmut, hast du eine Visitenkarte bei dir?»

«Ich? Eine Visitenkarte? Hier am Nordpol? Du musst doch welche haben. In deiner Tasche.»

«Wenn Männer nicht eine Frau hätten!» Ich kramte in dem Bordcase und fand auch eine.

«Solveig, ruf mich an, wenn du nach Deutschland kommst. Wir würden uns wirklich freuen.»

Sie strahlte über das ganze Gesicht und sah mich freudig an. Ich dachte: Es wäre wirklich sehr schön, wenn sie käme, diese faszinierende schöne Frau mit dem zauberhaften Lachen und den langen Beinen.

Sie schaute auf die Visitenkarte: «Anabel Fashion AG. Hartmut Groth, CEO? Sind Sie das?», und sah meinen Mann fragend an.

«Ja, das ist unsere Firma.»

«Ist das Mode?»

«Ja. Hartmut betreibt eine Modekette. Wir haben mehrere Geschäfte in Deutschland, unter anderem auch in München.»

«Oh, wie interessant. Wenn ich das Vorstellungsgespräch in München habe, komme ich bestimmt auf dem Rückweg bei euch vorbei.»

Ihre spontane Zusage erfreute mich. «Hartmut, holst du uns bitte zwei Glas Champagner?»

Als mein Mann mit den Gläsern zurückkam, polterte er sofort los: «Was kann eine so junge Frau am Südpol faszinierend finden? Ist doch nur Eis und Schnee und obendrein saukalt.»

Solveig lachte. «Ich mag Eis und Kälte. Ich bin mit den Polarlichtern am Himmel groß geworden. Als Kind war ich so oft wie möglich draußen, bei meinem Lieblingsplatz mit einer perfekten Aussicht. Ich habe die Lichterketten mit dem zauberhaften Farbenspiel beobachtet, bis meine Mutter mich dann wieder ins Haus geholt und geschimpft hat.»

«Warum hat sie denn geschimpft?», wollte ich wissen.

«Man sieht die Lichter ja nur im Winter, wenn es dunkel ist und bei sehr klarem Himmel. Und dann ist es hier oben meistens zwischen minus 20 und minus 30 Grad. Aber es ist himmlisch und man kann dabei so wunderschön träumen. Im Traum habe ich mir die Lichter geholt und mir einen Mantel daraus gemacht.»

«Wir haben das noch nie gesehen.»

«Ja, wenn ihr nur im Sommer hier seid, und es nie Nacht wird, könnt ihr dieses Schauspiel nicht erleben. Die Lichter hängen übrigens auch mit dem Erdmagnetfeld zusammen.»

«Hartmut. Wusstest du das?»

«Ja. Ich hab's mal im Fernsehen gesehen. Ist eindrucksvoll. Das Magnetfeld schützt uns vor den herumschwirrenden Sonnenpartikeln, die da aufleuchten.»

«Das ist richtig», bestätigte Solveig, «Aber was wir untersuchen, ist die Tatsache, dass die Magnetfeldstärke ganz langsam abnimmt und das wäre nicht gut.»

«Wow, dann ist deine Forschung wirklich wichtig.»

Solveig lachte wieder: «Ha, ich bin nur ein kleines Rädchen. Weltweit erforschen viele Wissenschaftler den Erdmagnetismus. Es ist sehr interessant.»

«Ich finde das ganz toll. Dann erfüllst du dir einen Kindheitstraum, nicht wahr?»

«Ja», sie wiegte ihren Kopf, «Ja, ich glaube, es war immer mein Kindheitstraum das Polarlicht zu sehen und zu erforschen, wollte immer nach den Lichtern greifen, um sie festzuhalten und in ein Schatzkästchen einzusperren.»

«Ich wünsche dir viel Glück. Vielleicht klappt es mit München. Wir drücken dir die Daumen.»

Einer der Forscher kam zu uns, grüßte kurz und sprach mit Solveig auf Norwegisch.

«Tut mir leid. Lars sagt, dass wir jetzt aufbrechen. Es war schön, euch kennengelernt zu haben. Und vielen Dank für das Essen und die Getränke. Es war sehr schön hier.»

Solveig stand auf und reichte uns die Hand. Ich war ein wenig traurig. Ich hätte mich gerne noch weiter mit dieser interessanten jungen Frau unterhalten. «Denk daran. Wenn du nach Deutschland kommst, besuch' uns. Du bist herzlich willkommen.»

Ich blickte ihr nach, wie sie mit ihren drei Kollegen zu ihrem großen Zodiak zum Ufer gingen, einstiegen, den Außenborder anwarfen und mit langsamer Fahrt hinter dem nächsten Eisberg verschwanden.

Überraschender Besuch

Es war eine außergewöhnliche Mittsommernacht auf Spitzbergen gewesen. Die Nacht, als wir Solveig das erste Mal begegneten. Oft musste ich an sie denken, aber im Arbeitsalltag verblasste die Erinnerung allmählich.

Sechs Monate später nach unserer Kreuzfahrt stand Solveig in Köln plötzlich vor unserer Haustüre. Ich war noch dabei, unsere Koffer auszupacken, da mein Mann und ich erst am Mittag aus Mailand zurückgekommen waren, als es klingelte.

Ich war völlig überrascht und dann fielen wir uns in die Arme, als wären wir schon immer Freunde gewesen. Ich hätte sie fast nicht wiedererkannt mit den hochgesteckten Haaren, dem dunkelblauen Hosenanzug und in der Hand hielt sie eine größere Reisetasche.

Als sie im Wohnzimmer Platz genommen hatte, rief ich sofort Hartmut an: «Überraschender Besuch! Komm schnell nach Hause!», mehr sagte ich nicht.

«Das ist wirklich eine Überraschung, Solveig. Ich freue mich.»

«Ich hoffe, ich störe nicht.»

«Nein, überhaupt nicht. Wunderbar, dass du hergefunden hast. Hartmut kommt gleich.»

«Ich hatte angerufen, gestern und heute Morgen, aber es hat niemand abgenommen.»

«Ja. Du hast Glück. Wir waren ein paar Tage in Mailand und sind erst heute Mittag wieder gelandet.»

«Ja, entschuldige den Überfall. Ich bin vorgestern nach München geflogen und in der Aufregung der letzten Tage zu Hause habe ich vergessen euch vorher Bescheid zu sagen.»

«Wie lange kannst du bleiben? Natürlich schläfst du in unserem Gästezimmer.»

«Nein, danke, das kann ich nicht annehmen. Ich bin heute Morgen auf gut Glück hier über Köln gefahren. Ich will nach Bremen und von da aus nach Bremerhaven. Wenn ich dich jetzt nicht angetroffen hätte, wäre ich wieder zum Bahnhof gefahren und hätte den nächsten Zug genommen.»

«Wann willst du denn in Bremerhaven sein?»

«Übermorgen. Um acht Uhr habe ich ein Vorstellungsgespräch.»

«Dann bleibst du hier. Ist doch klar. Dann kannst du morgen ganz in Ruhe fahren und ich freue mich einfach, dass du bei uns bist. Komm mit in die Küche, einen Kaffee trinken, wenn du magst.»

«Ja, gerne!»

Wir hatten es uns gerade gemütlich gemacht und Solveig erzählte in ihrer erfrischenden Art, als Hartmut im Türrahmen stand. Die Überraschung zauberte ein breites Grinsen in sein Gesicht.

«Sie sind ja nicht wiederzuerkennen. Eine elegante Frau. Alle Achtung. Wir haben noch ein

Foto, das Ute gemacht hat. Sie und ich in dicken Anoraks. Der Tag in Spitzbergen war unvergesslich, das heißt, es war ja Nacht. Aber - schön, dass Sie da sind. Wie lange können Sie bleiben. Sie sind unser Gast.»

«Danke schön. Aber ich will nach Bremerhaven. Sie können ruhig du sagen.»

«Solveig will morgen nach Bremerhaven zu einem Vorstellungsgespräch.»

«Ein Vorstellungsgespräch? Interessant. Wo stellen Sie sich denn vor?»

«Das ist eine lange Geschichte. Aber ich muss wirklich spätestens morgen Abend da sein, denn das Vorstellungsgespräch ist einen Tag später frühmorgens um acht Uhr. Und es ist ungeheuer wichtig für mich. Danach fliege ich von Hamburg wieder über Oslo nach Tromsø zurück.»

Hartmut fuhr mit der Hand über sein Kinn, wie er es immer machte, wenn er überlegte.

«Manfred kann sie morgen hinfahren. Schneider soll nach Münster. Den setzt er ab und fährt Solveig nach Bremerhaven. Auf dem Rückweg holt er den Schneider wieder ab.»

«Manfred ist unser Chauffeur. Schneider ist unser Prokurist», klärte ich Solveig auf.

«Hast du ein Hotel in Bremerhaven?», fragte Hartmut.

Solveig reichte ihm einen Zettel. «Hmm. Das kenne ich nicht. Ute, wie hieß das Hotel, im August, bei der Sail.»

«Atlantic Sail-City.»

Hartmut fischte sein Handy aus der Tasche: «Frau Wolters. Buchen Sie mir .... Entschuldigung, Solveig, wann fliegst du ab Hamburg?»

«In drei Tagen, am Samstag.»

«Frau Wolters, buchen sie für morgen und übermorgen ein Zimmer im Atlantic Sail in Bremerhaven auf den Namen Solveig ...» Hartmut unterbrach: «Wie ist denn dein Nachname?»

«Rasmussen.»

Er nahm das Telefon wieder ans Ohr: «Haben Sie es gehört, Solveig Rasmussen. Buchen Sie es über unsere Karte. Danke.»

Ich schmunzelte. Das ist typisch Hartmut. Schnelle Entscheidung und Klarheit.

«Jetzt erzähl mal, für welche Tätigkeit du dich vorstellst.» Hartmut schenkte sich einen Kaffee ein und sah Solveig erwartungsvoll an.

«Herr Groth. Das kann ich nicht annehmen. Ich kann morgen mit dem Zug fahren.»

«Solveig», mischte ich mich ein. «Ist schon gut so. Hartmut organisiert gerne. Du wirst morgen hingefahren und das Hotel ist auch für dich bereit. Du bist unser Gast und in Bremerhaven auch.»

«Keine Widerrede, Solveig», Hartmut grinste. «Spann mich nicht auf die Folter. Erzähl, was ist das für ein Job?»

«Noch habe ich ihn nicht. Also, ich hatte von der Universität München eine Einladung bekommen, Fakultät für Geowissenschaften an der Ludwig-Maximilians-Universität München. Die Sektion Geophysik befasst sich insbesondere mit Geokatastrophen wie Erdbeben oder Vulkanausbrüchen. Eine der Münchner Arbeitsgruppen erforscht schwerpunktmäßig das Magnetfeld der Erde. Ein Teilbereich daraus ist beispielsweise Paläomagnetismus. Dieses Feld beschäftigt sich mit der in der Erdgeschichte immer wiederkehrenden Umpolung des Erdmagnetfeldes. So lässt sich die Verschiebung der Kontinente in der Zeit rekonstruieren. Sie haben ein Programm, es nennt sich Planetarer Magnetismus. Ziel von PlanetMag ist es, die Vielfalt des planetaren und lunaren Magnetismus in unserem Sonnensystem zu erforschen und zu verstehen. Aber es werden nur Daten von Weltraummissionen analysiert und Computersimulationen durchgeführt. Da sitze ich dann nur an einem Schreibtisch vor einem Computer.»

«Oh, das ist nicht das, was du dir vorgestellt hast, nicht wahr?»

«Nein, ganz und gar nicht. Außerdem wird es ganz miserabel bezahlt und München ist mir zu teurer.»

«Ja, da hast du recht.»

«Ich war ziemlich enttäuscht, aber ich habe mich dann abends mit Professor Weinsberger getroffen. Den hatte ich kennengelernt, als er mit seinem Segelschiff, das war ein paar Tage später, nachdem ihr mit eurem Schiff Svalbart verlassen habt, in dem Möllerfjord ankerte. Er besitzt ein großes Zweimast-Segelschiff, die Neptun und ist auch Kapitän. Er hat dort mit seiner Crew einen Film gedreht. Mit ihm hatte ich dann Mailkontakt und er hat für mich ein Vorstellungsgespräch im Alfred Wegener Institut in Bremerhaven arrangiert. Das Wegener Institut betreibt ein riesiges Forschungsschiff, die Polarstern und die suchen für die nächste Forschungsreise zur Antarktis eine wissenschaftliche Kraft für Erdmagnetismus.»

«Ein Schiff?»

«Ein Forschungsschiff mit Hubschrauber und so. Das Schiff hat eine Besatzung von 40 Mann und bietet zusätzlich Arbeitsmöglichkeiten für 50 Wissenschaftler und Techniker. Es ist für biologische, geophysikalische, ozeanographische und meteorologische Forschungsarbeiten ausgerüstet und verfügt über neun wissenschaftliche Labors. Ich hatte meine Bewerbung schon vor vier Wochen hingeschickt und sie haben mich eingeladen.»

«Und als was wollen sie dich einstellen?», fragte Hartmut.

«Als wissenschaftliche Mitarbeiterin und Doktorandin. Ich könnte dann promovieren. Ich werde aber nicht immer auf dem Schiff sein. Sie setzen uns bei der deutschen Neumayer-Station ab.»

«Eine Station?»

«Ja. Das neue Zentrum der deutschen Antarktisforschung, die Neumayer Station III, sie liegt im Ekström-Schelfeis, nordöstliches Weddell-Meer, in der Antarktis.»

«Und da willst du hin?»

«Ja, das ist genau das, wovon ich immer geträumt habe. Es ist ein kombiniertes Gebäude für Forschung, Betrieb und Wohnen auf einer Plattform oberhalb der Schneeoberfläche. Auf der Plattform sind innerhalb einer Schutzhülle insgesamt 100 Container mit Wohnräumen, Küche, Essräumen und Hospital sowie verschiedene Labore, Funkraum, eine Energiezentrale und eine Schneeschmelze untergebracht. Es liegt nur sechzehn Kilometer von der Schelfeiskante entfernt.»

Während ich gespannt zuhörte, beobachtete ich Solveig, wie sie auf dem Sofa saß und bewunderte ihre Begeisterung. Auf den verschiedenen Modemessen sehe ich hunderte solch schöner Mädchen, die aber nichts anderes können, als schicke Kleidung vorführen - Solveig könnte ein Model sein, so schlank und grazil. Sie sah in ihrem Hosenanzug bezaubernd aus, der ihre Figur sehr vorteilhaft betonte. Ich konnte sie immerzu ansehen und ihr zuhören, wunderschön und unglaublich intelligent, ihre Begeisterung, als sie erzählte - über die Forschung, den Südpol und das Polarlicht. Sie war durch und durch Wissenschaftlerin und ganz Frau.

Hartmut's Wissendsdurst war unersättlich. Er fragte und fragte und Solveig erzählte und erzählte. Ich wusste, er will auch einmal eine Kreuzfahrt zur

Antarktis machen. Aber jetzt reichte es. Ich hatte Hunger.

«Solveig, magst du italienisch? Hier in der Nähe befindet sich ein gutes italienisches Restaurant, *Da Daniele,* stimmt's, Hartmut? Da können wir lecker essen und einen guten italienischen Wein trinken.»

«Ja, gerne. Hunger habe ich auch. Im Zug gab es nämlich nichts.»

«Komm mit mir, ich zeig dir unser Gästezimmer, dann kannst du deine Tasche abstellen. Möchtest du dich frisch machen und umziehen?»

«Ja, gerne. Frisch machen ist nötig, aber umziehen brauche ich mich nicht. Ich habe nur diesen Hosenanzug mit und noch einen Reserve-Pullover. Zu Hause laufe ich immer in Jeans und Rolli herum.»

«Hartmut, rufst du bitte bei Daniele an und reservierst uns unseren Tisch? Ich begleite Solveig kurz nach oben.»

Bei *Saltimbocca à la Romana* und einem guten Glas Frascati saßen wir gemütlich zusammen und Hartmuts Neugierde wurde nach und nach von Solveig befriedigt.

Schließlich fragte mich Solveig: «Was habt ihr in Mailand gemacht?»

«Wie ich dir schon erzählte, haben Hartmut und ich Modegeschäfte, und zum Einkaufen der neuen Kollektionen besuchen wir immer die großen Modemessen, Düsseldorf, Paris und zweimal im Jahr die Modewoche in Mailand. Sie findet immer im September und im März statt.»

«Toll. Das ist sicher interessant? Aber von Mode habe ich gar keine Ahnung.»

«Das ist sogar unglaublich interessant. Die *Settimana della Moda,* die Mailänder Modewochen werden komplett von der Modekammer organisiert, der die führenden Designer angehören. Während des mehrtägigen Spektakels, mit jeder Menge Prominenz, finden die Shows der großen Namen, wie Armani, Versace, Dolce Gabana und wie sie alle heißen, statt. Insgesamt sind es rund 170 Aussteller. Die Stadt füllt sich mit Modejournalisten und Einkäufern aus aller Welt, die von einer Show zur nächsten eilen und den Abend auf exklusiven Partys verbringen. Diese Modenschauen sind neben den Pariser Events die wichtigsten der Modewelt.»

«Sicher findet man dort nur elegante attraktive Menschen. Ich weiß nicht, ob ich mich da wohlfühlen würde. Ich habe schon gesehen, was du für schicke hohe Schuhe trägst. Ich könnte damit gar nicht laufen, nur stolpern.» Solveig lachte.

«Ach, alles nur eine Sache der Gewöhnung. Sicher, einen ganzen Tag auf der Messe oder bei den Shows, da bin ich abends froh, wenn ich die Füße hochlegen kann. Aber ich bin gerne dort. Nicht nur wegen der Mode - man lernt auch neue nette Leute kennen.»

Der Kellner servierte und wir beschäftigen uns mit dem Essen.

Zurück in unserem Haus, kramte Hartmut die Fotos von unserer Spitzbergen Fahrt heraus.

Wir schauten uns gemeinsam die Bilder an. Als Solveig die Bilder von Tromsø sah, erklärte sie: «Da bin ich zu Hause. Ist natürlich nicht so interessant wie Köln, ich habe den Dom gesehen, als ich aus dem Bahnhof kam, wirklich beeindruckend. In Tromsø haben wir nur eine kleine Kirche.»

«Aber es war schön dort,» entgegnete ich, «wir waren auch bei deiner Mutter und haben die Briefe abgegeben.»

«Entschuldigung. Ich habe mich noch gar nicht dafür bedankt. Ja, vielen Dank. Mutti hatte sich höllisch gefreut.»

«Deine Mutter hat uns gesagt, dass ihr ursprünglich von den Lofoten-Inseln kommt.»

«Ja, das stimmt. Mein Vater hatte einen sehr guten Job in Tromsø bekommen und da sind wir vor zehn Jahren umgezogen. Geboren bin ich in Å, auf den Lofoten.»

Hartmut stieß einen Schrei aus: «Was? Das Å auf den Lofoten? Ich glaube es nicht!»

«Kennst du den Ort? Bist du schon einmal dort gewesen?»

Hartmut war durch diesen Sachverhalt plötzlich ganz aus dem Häuschen: «Hach, das gibt es nicht. Nein, ich war noch nie dort, aber dieser Ort und der Berg haben mich, von den Erzählungen her, tief beeindruckt. Warst du schon mal auf dem Hellseggen?»

«Na klar, jeder, der dort zu Hause ist, war schon einmal oben. Der Berg ragt am Ende unserer Insel hoch.»

«Kennst du die Geschichte von Edgar Allan Poe's Mahlstrom?» Hartmut war jetzt ganz aufgeregt.

«Ja natürlich. Die kennt bei uns jeder. Mit meinem Vater war ich zwei Mal auf dem Hellseggen.»

«Das ist ja unglaublich! Jetzt treffe ich zum ersten Mal jemanden, der den Hellseggen kennt. Ich kann es nicht glauben. Ute! Hast du das gehört?»

Ich nickte zustimmend. Es war belustigend zu sehen, wie aufgedreht mein Mann plötzlich war.

«Man kann wirklich bis zum Gipfel emporklettern? Dieser Berg ist mein Traumziel, seit ich denken kann.»

«Natürlich. Aber es ist mühsam und man braucht eine gute Kondition. Es ist kein Klettern, aber Trekking Schuhe müsst ihr schon tragen und schwindelfrei solltet ihr auch sein, wenn ihr da hoch wollt. Es ist ein Pfad, er ist glatt und steil, aber es geht.»

Hartmut sprang auf und eilte zum Bücherregal. Er sucht eine Zeitlang und kam mit einem Buch zurück. Stolz schwenkt er es in der Hand.

«Edgar Allan Poe, *Der Sturz in den Mahlstrom.*

Es ist schon uralt. Ich habe es seit mehr als 30 Jahren im Bücherschrank stehen.»

«Ich kenne die Geschichte. Gruselig. Jeder auf den Lofoten kennt sie.»

«Solveig! Ich habe eine große Bitte. Wenn du wieder zu Hause bist, könntest du versuchen, Bergsteigerkarten oder überhaupt Kartenmaterial zu bekommen, das den Weg zum Hellseggen zeigt und sie mir dann schicken? Ich erstatte dir alle Kosten und du bekommst auch noch einen Bonus. Ich wäre dir so dankbar, wenn du mir bei der Erfüllung meines Traumes behilflich sein könntest.»

Es war ein wunderschöner Abend, wir waren immer noch gut gesättigt und gönnten uns noch einen Absacker in Form eines Limoncello. Hartmut war stolz auf seine gut sortierte Bar und nach einem italienischen Essen, gab es einen italienischen Likör. Wir waren guter Laune und in meinem Überschwang umarmte ich Soveig, drückte sie fest an mich und küsste sie auf beide Wangen. Sie auf den Mund zu küssen, traute ich mich nicht, hätte ich aber gerne getan.

Angeschickert begaben wir uns zur Ruhe.

Ich schlief schnell ein und träumte.

Ich liege im Sand, die Wellen schlagen rhythmisch ans Ufer, die Sonne wärmt mich mit ihren goldenen Strahlen, der Wind streichelt sanft über meinen Körper: Ich höre das Kreischen der Möwen und bin unendlich entspannt. Unerwartet spüre ich warme, weiche Hände auf meinen Füßen. Ich halte die Luft an, wage es nicht zu atmen. Die Hände erkunden sich langsam einen Weg über meine Beine höher und höher bis hin zu meiner Scham. Sehnsuchtsvoll stöhne ich auf, möchte gar nicht wissen, wer die geheimnisvolle Person ist, die solch wonnige Gefühle durch meinen Körper rinnen lässt. Erregung erfüllt mich und ich will mehr. Die Hände streicheln mich weiter über meinen Bauch und meine Brüste. Sie sind so unendlich zärtlich und ich möchte, dass die Zeit stehenbleibt.

Meine Beine habe ich instinktiv gespreizt und jetzt verwöhnt eine zarte Zungenspitze meine Klit. Sie fährt rund um sie herum und umschließt sie dann mit ihren warmen Lippen, um dann ihr Zungenspiel fortzuführen. Ich bin wie von Sinnen und sehne den Orgasmus herbei. Aber sie beendet ihr Spiel und küsst mich auf den Mund. 'So können nur Frauen küssen,' denke ich und öffne die Augenlider.'

Solveigs große blaue Augen sehen mich lüstern an, ihre blonden Haare umspielen fließend ihr liebliches Gesicht. Es scheinen Flammen aus ihren Augen zu schlagen und ihr Mund befindet sich verführerisch über mir. Meine Arme umfassen ihren Hals und ich ziehe sie zu mir, küsse sie stürmisch. Sie erwidert meinen Kuss und unsere Zungen umschlingen sich ineinander. Die Zeit bleibt stehen. Wir lieben uns, streicheln unsere Körper und unsere intimste Stelle, berühren sie nicht nur mit den Händen, sondern auch mit unseren Zungen und unseren Lippen. Verlieren uns in der Zeit, sind abgerückt vom hier und jetzt und steuern ziel-

strebig auf unseren Orgasmus zu. Gemeinsam erleben wir die Höhen unseres wilden Fluges, aus dem wir nur langsam erwachen.

Atemlos erwachte ich aus meinem Traum und mir war klar, dass ich von Solveig geträumt hatte. Sie machte mich neugierig, würde sie gerne anfassen, küssen und streicheln, mit ihr verschmelzen. Was war nur mit mir los? War mein geheimer Wunsch so übermächtig geworden, dass er mich im Schlaf verfolgte?

Reisefieber

Vier Wochen später erhielten wir ein Päckchen von Solveig. Sie schrieb uns überglücklich, dass sie den Job für die Antarktis Expedition bekommen hatte und ab September des nächsten Jahres auf der Polarstern ihre Reise antreten würde, die mehr als ein Jahr dauerte. Dazu hatte sie jede Menge Kartenmaterial und Unterlagen über die Lofoteninseln gepackt.

Hartmut setzte sich an seinen Schreibtisch und schrieb zurück, bedankte sich für ihre Mühe. Es setzte ein reger Schriftverkehr zwischen ihr und meinem Mann ein und Hartmut tat sehr geheimnisvoll. Ich glaubte da schon, dass er mich überraschen wollte.

«Tataaaa!» Freudestrahlend stand er nach ein paar Tagen vor mir. «Schatz, ich habe uns für Anfang Juni eine zehntägige Norwegen-Kreuzfahrt auf der MS Europa gebucht, die einen ganzen Tag Station in Gravdal auf den Lofoten macht!» Hartmut riss mich in seine Arme und drehte mich im Kreis. Er war überglücklich.

Hartmut war wunderbar, ich freute mich. Diese Überraschung war ihm gelungen.

Å

Am frühen Morgen fuhr unser Schiff in die Gravdal Bucht bei Lekenes ein und warf den Anker. Schon auf dem Schiff konnte ich Solveig erkennen und mein Herz schlug ein wenig schneller. Nach dem Ausbooten fiel ich Solveig an Land in die Arme und es war wieder, als kennen wir uns schon unser halbes Leben.

«Herzlich willkommen, Ute.»

«Es ist so schön, dich wiederzusehen.»

«Herzlich willkommen, Hartmut.»

Auch Hartmut umarmte Solveig und strahlte

sie an. «Gut schaust aus. Ich freue mich, dass du dir die Zeit genommen hast, heute hier zu sein.»

Mein Mann hatte sie eingeladen, diesen Tag nach Gravdal zu kommen. Wir wollten mit ihr einen Landausflug bis zum Ende der E10 Lofoten-Straße machen. Sie hatte in Tromsø einen großen Van gemietet und war bereits am Tag zuvor angereist. Sie hatte geschrieben, dass jetzt ein Tunnel fertiggestellt war, der hoch im Norden die Lofoteninseln mit dem Festland verbindet.

Es war eine atemberaubende Straße. Sie führte mal an der Atlantikseite und dann wieder an der Fjordküste entlang. Wir passierten Kurve um Kurve und hinter jedem Bergrücken erwartete uns ein neuer beeindruckender Ausblick auf das Küstenpanorama und die See. Die steilen Berge, so seltsam angestrahlt durch die flach scheinende Sonne, wirkten majestätisch. Davor ungezählte Inseln in einer zerklüfteten Landschaft und kleine einsame Strände an tiefen Fjorden.

Alle paar Kilometer erblickten wir Holzgestelle, die zum Trocknen der Fische aufgestellt worden waren und wo der bekannte Stockfisch hergestellt wurde.

Mir war unbewusst klar, wie klein ich war und wie verloren ich, allein gelassen in dieser Wildnis, mir vorkäme, sollte ich durch ein Unglück in diese zerklüftete Landschaft versetzt werden. Ich schüttelte mich instinktiv und war froh, Hartmut und Solveig an meiner Seite zu haben.

Während der Fahrt konnte ich Solveig beobachten, ihre grazilen Bewegungen, das glockenhelle Lachen, ihre lebendige Art zu erzählen. Alles an ihr gefiel mir. *Ob ich ein wenig verliebt war?* In der Vergangenheit hatte ich nicht nur einmal von ihr geträumt.

Den ersten Stopp machten wir in Reine. Ein traumhafter Ort. So friedlich, inmitten der riesig wirkenden nackten Fels-Gipfel. Reine ist auf mehrere kleine Inseln verteilt, die durch eine einzige Straße mit Brücken verbunden sind. Es gilt als das schönste Fischerdorf auf den Lofoten und fürwahr, das ist es, ich war von der einfachen Schönheit betört. Vom Westen bis zum Nordosten wird der Ort von schroffen Bergen umrahmt. Der Ortskern liegt auf einer Halbinsel im Reinefjorden. Wir hatten einen phantastischen Blick über diese Symbiose aus Ortschaft, Berge, Inseln und Fjorde und auf den, wie ein spitzer Keil hochragenden Reinebringen, dem Hausberg von Reine, mit seiner von der Sonne angestrahlten glatten Südwand.

Den zweiten Stopp legte Solveig auf einem kleinen Parkplatz am Rand der Straße ein.

«Ihr müsst aussteigen und das Schild fotografieren», erklärte sie und führte uns anschließend zu dem Ortsschild. Da stand nun dieses lustig wirkende blaue Ortsschild, einen Meter breit und hatte nur ein weißes Å auf dem blauen Grund.

«Es ist das meistfotografierte Ortsschild Norwegens. Å bedeutet auf norwegisch Bach,

Fluss. Das altnordische Wort á – Wasser ist verwandt mit dem lateinischen Aqua. Ausgesprochen wird der Buchstabe Å in einem offenen, tiefen Vokal, mit einer Tendenz zum O, das ist das lange nordische Å.»

Solveig schoss für uns das typische Touristen Foto – Hartmut und ich, neben dem Schild. Ein kleiner blauer Schmetterling umflatterte uns und entschwand dann aus unserem Sichtfeld.

Wir fuhren weiter, bewunderten diese malerische Landschaft und erreichten den Ort. Wir hielten inmitten roter Holzhäuser, die sich rings um einen mit leuchtend grünem Gras bewachsenen Hügel gruppierten, mit Klippen zum Ufer.

«So, hier ist die 200 Kilometer lange Lofoten-Straße zu Ende. Å ist der südlichste Ort der Lofoten, es liegt hier auf der Ostseite der Insel Moskenesøy und ab hier geht es mit dem Auto nicht mehr weiter.»

Solveig führte uns in dem kleinen Ort herum. Eine lange Mole schützte die kleine Hafenbucht vor der Dünung des Vestfjordens. An den Seiten der Bucht standen rot angestrichene kleine Holzhäuser auf Stelzen.

«Nach Westen erstreckt sich der Talkessel des Ågvatnet-Sees, der am Ende des 826 Meter hohen Mengelsdalstindens, einem übermächtigen Berg, überragt wird», erzählte sie, «Å wird oft auch als norwegisches Fischerdorfmuseum bezeichnet. Doch Å ist kein reines Museumsdorf.

Im Ort wurde soviel Altes bewahrt wie möglich und viel Neues für den Tourismus geschaffen, um zahlende Gäste in den Ort zu bekommen. Die 31 Häuser stehen unter Denkmalschutz und bilden das wohl am besten erhaltene Fischerdorf Norwegens. Ganz dahinten, das rot-gelbe Haus, da bin ich geboren und da haben wir auch gewohnt, bis mein Vater den neuen Job in der Werft in Tromsø bekam. Die meisten Häuser hier sind sogenannte Rorbuer, Fischerhäuser, aber jetzt sind es Ferienhäuser, die man mieten kann. Der Bau der ersten Rorbuer wurde laut einer altnordischen Saga von König Oeystein im frühen 12. Jahrhundert beschlossen, um Quartiere für die zugereisten Fischer zu schaffen.

Der typische rote Anstrich resultiert aus der früher billigen, roten Tranfarbe. Es war die gebräuchlichste Art, um die Hütten vor Wind und Wetter zu schützen.»

Wir wanderten hinauf auf einen kleinen Hügel hinter dem Ort. Einige Touristen fotografierten fleißig. Dieser Ausblick war überwältigend. Solveig streckte ihren Arm aus: «Rechts, der hohe dunkle Berg am Ende der Felswände, das Kap, das ist der Hellseggen. Weit draußen erkennt man die Insel Mosken und dazwischen, das ist der Mahlstrom. Seht, es gibt keinen Fußweg von hier zum Hellseggen, die Ufer sind alle zu steil. Man kommt nur mit einem Boot dorthin.»

Eine ganz Weile genossen wir dieses herrliche

Panorama und knipsten noch ein paar Bilder für zu Hause.

«Es gibt auch ein Restaurant und ein Café hier. Im Restaurant Brygga am Kai kann man sehr gut Fisch essen – Fischsuppe ist hier ein Muss!»

«Super!» Hartmut war begeistert. «Fischsuppe esse ich für mein Leben gern. Da essen wir jetzt. Ich lade euch ein.»

Strahlend ergriff Hartmut unsere Hände und wir beenden unseren Rundgang in dem etwas dunklen, aber innen urgemütlichen Lokal.

Vom ursprünglichen Plan, diesen ominösen Berg Hellseggen am Ende der Lofoten besteigen zu wollen, hatte Solveig meinen Mann abbringen können. Unser Aufenthalt war einfach zu kurz dafür.

Von Å mit dem Boot zum Kap braucht man über eine Stunde, der Aufstieg auf den Berg mindestens zwei Stunden, vielleicht zwei oder drei Stunden Aufenthalt dort oben, wenn man etwas beobachten will, dann eine Stunde Abstieg und wieder eine weitere Stunde zurück nach Å. Das macht sieben bis acht Stunden und sie brauchen mit dem Auto von Gravdal bis Å auch noch zwei Stunden, hatte sie uns geschrieben. Hartmut grummelte zuerst, gab sich dann aber geschlagen.

Beim Essen fragte Hartmut Solveig: «Sag mal, diese Rorbuer, die du eben erwähnt hast, sind die zu mieten? Habe ich das richtig verstanden?»

«Ja. Es sind Ferienhäuser. Die einzelnen Hütten haben eine gute Ausstattung und bestehen aus einem gemütlichen Wohnraum mit einer kleinen Teeküche, haben zwei oder drei Schlafzimmer, Dusche und WC. Wir können später zum Vermieter gehen und einen Prospekt holen.»

«Okay, das machen wir.»

Wir beendeten nun unsere Mahlzeit, jeder hing seinen Gedanken nach, lehnten uns zurück und waren rundum zufrieden.

«Das Essen war ganz prima, Solveig, das war eine gute Idee, hier zu speisen.» Ich strahlte sie an und sie erwiderte mein Lächeln.

«Kommt, wir gehen.» Hartmut erhob sich von seinem Stuhl und half uns in unsere Mäntel.

Wie so oft hier, hatte sich das Wetter schlagartig geändert. Als wir vor die Türe des Restaurants traten, regnete es in Strömen und Hartmut lief alleine zum Wagen, um uns trocken abzuholen.

Schnell stiegen wir ein und Solveig seufzte: «Das Wetter kann hier wochenlang sonnig und stabil sein. Eigentlich gibt es nirgendwo in Norwegen weniger Regen als hier. Aber es ist eben Atlantikwetter, es kann auch binnen kürzester Zeit schütten und mit Orkanstärke über die Insel fegen.»

Der Regen verhinderte unsere geplante Sightseeingtour und wir fuhren zum Schiff zurück. In ein paar Stunden erst würden wir den Anker lichten. Hartmut ging auf einen Offizier zu und fragte: «Können wir unsere Reiseführerin bis zum letzten Land-Tender mit an Bord nehmen?»

Der Offizier lehnte ab: «Das geht nicht!»

«Ach, Losi. Schauen Sie, es ist doch ...»

Mehr hörten Solveig und ich nicht. Ich wollte Solveig doch so gerne das Schiff zeigen. Ich vertraute darauf, dass Hartmut den Offizier überreden konnte. Losi war der Spitzname unseres Sicherheitsoffiziers und Solveig durfte schließlich mit an Bord.

Hartmut hatte es eilig, an die Bar zu kommen, um ein Bier zu genießen.

Ich führte Solveig auf einen kurzen Rundgang durch das Schiff und zeigte ihr das Theater, das Restaurant und die Clipper Bar mit den Sonnendecks.

«Komm mit, wir gehen jetzt ein paar Decks höher, in die Belvedere Bar, die ist ganz oben und hat den tollsten Panorama Ausblick. Dort werden wir Hartmut wieder treffen – es gibt auch Kaffee und Kuchen. Vorher kommen wir an unserer Kabine vorbei, die zeig' ich dir schnell. Willst du?»

«Oh, ja, gerne!»

«Na, dann los!»

«Mein Gott, ist das hier alles vornehm.» Solveig staunte, als wir das großzügige Treppenhaus hoch und die langen, mit Teppichboden belegten Gänge entlang schritten. An unserer Kabine angekommen, schloss ich die Tür auf und Solveig stand mit offenem Mund im Eingang.

«Wow, ist das luxuriös!»

«Ja, das stimmt! Abends trägt man hier immer feine Garderobe. Die Herren im Smoking oder Dinnerjackets und die Damen mit Pumps, Strümpfen und Strapsen.»

«Was ist das? Strapsen?», fragte Solveig.

«Ach, das war nur ein Scherz», erwiderte ich grinsend, «Strapse sind Strumpfhalter, das sagt man so bei uns. War nur sinnbildlich gemeint. Ist nicht jeden Abend so.»

«Hey, und die Kabine, sie ist so riesig, das hätte ich jetzt nicht vermutet.» Solveig schüttelte den Kopf. Dann stutzte sie, als sie die offen stehende Verbindungstüre sah: «Was ist das, noch eine Kabine?»

«Ja, das ist unser Schlafraum. Wir nehmen immer eine Suite, da haben wir mehr Platz.»

Solveig inspizierte den Schlafraum.«Großes Bett. Da könnte man sich ja zu viert tummeln!»

Ich grinste Solveig an: «Ja, da tummeln wir uns.»

Solveig sah mir direkt in die Augen und ein Lächeln verzauberte ihr Gesicht.

Wow, mein Herz pochte heftig gegen meine Brust und in meinem Bauch begannen die Schmetterlinge wild hin und her zu fliegen. Was für eine Frau!

«Ja. Es macht Spaß beim Tummeln aufs Meer zu blicken. Komm, wir müssen hoch, sonst bekommst du keinen Kuchen mehr.»

Solveig zupfte mich am Arm: «Sag mal, Ute. Strumpfhalter hast du eben gesagt. Zieht man das hier an? Trägst du die auch?»

«Manchmal», erwiderte ich schelmisch: «Zum Beispiel zum Kapitänsempfang und zum Gala Dinner. Es ist so schön luftig und sexy das Gefühl.»

Solveig murmelte: «Das hab ich noch nie angehabt. Ich lauf immer in Jeans und Pulli rum. Kann ich denn jetzt, so wie ich bin, überhaupt mit dir kommen?»

«Ja, natürlich. Nachmittags ist hier alles leger. Kannst deinen Pulli ausziehen, du hast doch eine Bluse darunter und leg deinen Pulli über die Schultern, das sieht sportlich aus.»

Solveig zog sich den Pullover über den Kopf und stopft ihre weiße Bluse, die sich über zwei sehr große Brüste spannte, in ihre Hose. Meine

Augen verweilen auf ihrer prallen Bluse. Das hatte ich gar nicht unter ihrem weiten Nordland-Pullover vermutet.

Sie bemerkte meinen Blick, stemmte ihre Arme in die Taille und sah mich fordernd an: «Na, kann ich so mitkommen?»

«Du siehst toll aus!», antwortete ich. «Du hast eine beneidenswerte Figur.»

«Ah, danke dir, das hast du schön gesagt. Freut mich, dass ich dir gefalle. Ich mag dich auch.» Solveig gab mir einen Kuss auf die Wange.

«Hast du ein paar Haarklammern», fragte sie mich, «dann stecke ich meine Haare hoch.»

So sah sie wirklich elegant aus, so schlank, die engen Jeans, der knackige Po und dieser volle Busen und ich überlegte, was ich für sie empfand. Nachlässig fischte ich ein paar Haarklammern aus der Kommode und reichte sie ihr. Dann zog ich die Schublade darunter auf, ergriff meine schwarze Korsage und hielt sie vor meine Brust. Ich weiß nicht mehr, warum. Es war einfach über mich gekommen. Vielleicht wollte ich sie auch nur etwas herausfordern und in Verlegenheit bringen.

«Wouw, Wahnsinn», flüsterte sie.

«Schick, nicht wahr?» Ich drehte mich vor dem großen Wandspiegel und tanzte mit der Korsage.

«Ich will auch mal!» Solveig kam zu mir und ich reichte sie ihr. Sie war ganz und gar nicht verlegen. Sie betrachtete sich ebenfalls im Spiegel, von recht nach links und von links nach rechts.

«Würde dir auch stehen. Ist echt erotisch.»

«Meinst du wirklich?»

«Natürlich. Mit einer solch tollen Figur, wie du sie hast, da kann man so was tragen. Ist doch sexy.»

«Ja. Sexy. Weiß gar nicht, ob es so etwas überhaupt in Tromsø gibt.»

Ich nahm sie in den Arm und flüstere ihr ins Ohr: «Irgendwann wirst du so etwas finden und dann trau dich. Für jemanden, der es wert ist.»

Anerkennend klopfte ich ihr auf die Schulter und lachend gab sie mir das gute Stück zurück.

Ein paar Decks höher, in der Belvedere Bar angekommen, nahmen wir an einem kleinen Fenstertisch Platz. Hartmut sah uns, verließ die Bar und gesellte sich zu uns.

«Mein Gott, ist das groß und luxuriös hier», Solveig staunte, «und alles so elegant und vornehm. Das ist anders, als auf den Fähren, die bei uns zwischen den Inseln fahren, wirklich auserlesen und von hier haben wir eine wirklich tolle Aussicht auf unsere Berge.»

Eine Stewardess servierte die Kuchenplatte, von der wir uns etwas aussuchen konnten und sie nahm unsere Kaffeebestellung auf.

Wir nippten an unserem heißen Getränk. Hartmut stellte seine Tasse ab und wandte sich an Solveig: «Solveig, ich muss mit dir etwas besprechen.»

Er legte eine Pause ein, was ihm unsere

ungeteilte Aufmerksamkeit zuteilwerden ließ. Solveig und ich hingen Hartmut an den Lippen.

«Du hast uns auf der Fahrt erzählt, dass du dir für die Zeit bis zu deiner Antarktisexpedition noch einen Job suchen willst. Deinen Job hier, für uns, hast du hervorragend gemeistert. Ich bin dir sehr dankbar.» Hartmut rieb sich mit zwei Fingern am Kinn, bevor er fortfuhr: «Ich denke, ich habe da einen Anschlussjob für dich. Ich hab' da so eine Idee. Nein, es ist mehr als eine Idee, ich habe einen Plan. Einen phantastischen Plan.»

«Oh, da bin ich aber gespannt!» Ich war neugierig, was sich Hartmut mal wieder ausgedacht hatte.

«Warte es ab, meine Liebe.»

Unbeeindruckt wandte er sich wieder an Solveig: «Was hältst du davon, liebe Solveig, die nächsten zwei Monate für mich, für uns zu arbeiten?»

Einen Moment herrschte Stille. Solveig schaute erst ihn, dann mich fragend an.

Zaghaft antwortete sie. «Ich weiß nicht. Was stellst du dir denn vor? Und wo soll ich arbeiten?»

«Hier, auf den Lofoten. In einem Monat werden wir hierher zurückkommen, sagen wir für zwei Wochen. Ich will unbedingt einmal in meinem Leben auf den Hellseggen. Du fährst vorher hierher, mietest eines von diesen Rorbuer Häusern in Å, das Schönste, das du bekommen kannst, mietest einen Wagen und organisierst einen Skipper mit Boot oder einer Yacht, der uns alle Tage zur Verfügung steht, du bekommst von mir Geld, damit du alles schon bezahlen kannst. Dann können wir auch einmal über den Mahlstrom fahren. Was meinst du?»

Solveig und ich waren baff und bevor Solveig antworten konnte, rief ich entsetzt: «Was willst du? Bergsteigen? Das ist mir viel zu anstrengend. Und diese Holzhäuser! Das ist doch wie Camping, zwar ein bisschen exklusiver als Camping, aber immer noch Camping. Und ich hasse Camping!»

Solveig ergriff meine Hand: «Die Häuschen sind sehr schön und gemütlich und auf den Berg zu kommen, das ist nicht wirklich schwer.»

«Ich will auf diesen Berg!» Hartmut schlug mit der Faust auf den Tisch, und ich wusste, von diesem Vorhaben war er nicht mehr abzubringen.

Schweigend betrachtete ich abwechselnd zuerst Hartmut und dann Solveig. Hartmuts Blick war entschlossen, der Mund zugekniffen. Solveigs Augen strahlten mich liebevoll an: «Es wäre super schade, wenn du dir das entgehen lässt. Willst du es dir nicht wenigstens überlegen mitzukommen? Das wäre so schön!» Ihr Blick war bittend und sie sah in diesem Moment so zart aus, dass ich gerne ihre Wangen gestreichelt hätte.

«Hm, ja, gut, warum nicht», stotterte ich, «es ist schön hier, es gefällt mir. Aber Bergsteigen? Ich weiß nicht. Würdest du das denn machen wollen, Solveig? Du hast noch gar nicht geantwortet.»

«Natürlich, gerne. Da komme ich endlich mal wieder richtig in meine Heimat. Und auf den Hellseggen.»

Solveig tätschelte meine Hand: «Das schaffen wir schon, nicht wahr? So schwierig ist es auch nicht. Ich war schon als Kind dort oben.»

Mein Mann ließ sich Papier bringen und schon saßen wir mit über den Tisch gebeugten Köpfen, vertieft in eine Detailplanung. Und je mehr wir darüber redeten, desto mehr erfreute mich dieser Gedanke. Und ich würde Solveig wiedersehen. Ein warmes Gefühl durchströmte meinen Körper, ja, mit Solveig dabei würde ich den Berg besteigen und bis zum Südpol wandern.

Dumme Gans, schalt ich mich in Gedanken, *Solveig wird vielleicht nicht auf Frauen stehen! Es wäre aber schön und ich weiß nicht, wie ich es anstellen soll, dass ich herausfinde, ob Solveig vielleicht auch solche Gefühle für mich empfindet, so wie ich für sie. Ihren Körper umfassen, ihre Lippen spüren, zärtliche Hände auf meiner Haut.*

Sie faszinierte mich immer mehr, ihre Spontanität und ihre Offenheit und ihre Ausstrahlung, die mich in ihren Bann zog. Ein leises Ziehen in meinen Lenden verriet mir, dass ich für Solveig mehr als nur bloße Freundschaft empfand. Es verwirrte mich. Die Gedanken wirbelten durch meinen Kopf, dass mir fast schwindelig wurde.

Als mein Schatz all die Unterlagen, Prospekte und Karten zum hundertsten Male angesehen hatte, lehnte er sich zufrieden zurück und strahlte uns an.

«Ich besteige diesen Hellseggen!»

Zufrieden mit sich und der Welt trank er seinen Kaffee.

Die Zeit verrann viel zu schnell und Soveig verabschiedete sich von uns. Wir umarmten uns und ich wagte es, sie auf den Mund zu küssen. Solveig hatte ganz still gehalten und ihre Augen geschlossen. Sie küsste mich zurück und dabei schnellte ihre Zungenspitze zwischen meine Lippen. Ganz kurz nur, aber es hatte ausgereicht, die Schmetterlinge aufzuscheuchen und sie wild durcheinander flattern zu lassen.

Lange sah ich ihr nach, als sie die lange Gangway hinab schritt. Ab und zu blieb sie stehen und winkte uns zu.

In der nächsten Nacht hatte sich mein Traum verändert.

Ich liege im Sand, die Wellen schlagen rhythmisch ans Ufer, der Wind weht sachte über meinen Körper, die Sonne wärmt mich mit ihren goldenen Strahlen, ich höre das Kreischen der Möwen und bin unendlich entspannt. Unerwartet spüre ich warme, weiche Hände auf meinen Füßen. Ich halte die Luft an, wage es nicht zu atmen. Die Hände erkunden sich langsam einen Weg über meine Beine höher und höher bis hin zu meiner

Scham. Sehnsuchtsvoll stöhne ich auf, möchte gar nicht wissen, wer die geheimnisvolle Person ist, die solch wonnige Gefühle durch meinen Körper rinnen lässt. Erregung erfüllt mich und ich will mehr. Die Hände streicheln mich weiter über meinen Bauch und meine Brüste. Sie sind so unendlich zärtlich und ich möchte, dass die Zeit stehenbleibt.

Meine Beine habe ich instinktiv gespreizt und jetzt verwöhnt eine zarte Zungenspitze meinen kleinen Lusthügel. Sie fährt rund um ihn herum und umschließt ihn dann mit ihren warmen Lippen, um dann ihr Zungenspiel fortzuführen. Ich bin wie von Sinnen und sehne den Orgasmus herbei. Aber sie beendet ihr Spiel und küsst mich auf den Mund. 'So können nur Frauen küssen,' denke ich und öffne die Augenlider.'

Solveigs große blaue Augen sehen mich zärtlich lächelnd an. Meine Arme umschlingen ihren Körper und ich ziehe sie zu mir, küsse sie stürmisch. Sie erwidert meinen Kuss und unsere Zungen umschlingen sich ineinander. Die Zeit bleibt stehen. Wir lieben uns, streicheln unsere Körper und unsere intimste Stelle, berühren sie nicht nur mit den Händen, sondern auch mit unseren Zungen und unseren Lippen. Verlieren uns in der Zeit, sind abgerückt vom hier und jetzt.

Starke Männerhände öffnen meine Schenkel und spreizen sie. Ein Glied taucht fest und rhythmisch in meine Lustgrotte, hebt mich hoch in ungeahnte Höhen der Lust, während Solveig mich küsst. Mit meinen Händen streichele ich ihre Scham, lasse meinen Finger über ihre Lustperle kreisen und wir steuern zielstrebig auf unseren Orgasmus zu. Gemeinsam erleben wir die Höhen unseres wilden Fluges, aus dem wir nur langsam erwachen. Ich liege zwischen Hartmut und Solveig.

Schweißnass erwachte ich aus meinem Traum. Ich blickte neben mich und betrachtete Hartmut, wie er da so friedlich lag und schlief. Ein Lächeln huschte über sein Gesicht.

Hartmut, ich liebe dich, aber ich glaube, dass ich Solveig ebenfalls liebe! Ist das möglich, zwei Menschen zu lieben, sexuell zu begehren?

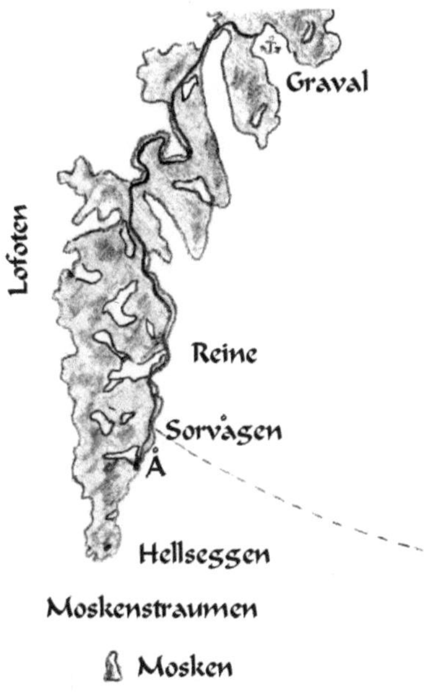

Reise nach Å

So war Hartmuts Plan geboren worden und wenn er sich etwas in den Kopf gesetzt hatte, dann musste es auch realisiert werden. Es gab etliche Telefongespräche mit Solveig, die gewissenhaft Hartmuts Wünsche aufnahm und organisierte. Mit neu gekauften Bergstiefeln im Koffer waren wir dann drei Wochen später über Oslo nach Bodö geflogen. Von dort hatten wir die Fähre nach Moskenes, dem Nachbardorf von Å, genommen, wo wir spät abends um 22 Uhr ankamen.

Die Überfahrt mit der Fähre war ein Erlebnis der besonderen Art gewesen. Die Sonne stand schon sehr tief im Norden und beim Annähern an das im Dunst auftauchende dunkelgraue Bergmassiv der Lofoten verschwand sie plötzlich hinter dieser Wand aus Granittürmen, versetzte den Himmel in ein silbrig leuchtendes Band, das dem Einlaufen in den Hafen eine gespenstisch mystische Atmosphäre gab.

Um ehrlich zu sein, innerlich war ich total aufgewühlt und freute mich irrsinnig darauf, Solveig in meine Arme zu schließen.

Das Schiff legte an und ich konnte sie schon am Kai sehen. Ich winkte mit meinem Schal: «Huhu, hallo, Solveig!»

Sie saß auf der Motorhaube des Leihwagens,

erblickte uns und winkte ebenfalls. Mein Herz setzte einen Moment aus, um dann schneller weiterzuschlagen. Ich konnte es gar nicht erwarten, sie zu begrüßen.

Sie stürmte auf uns zu, als wir an Land gingen.

«Hei! Hjertelig velkommen!» Wir fielen uns in die Arme.

Hartmut bekam Küsschen links und rechts von ihr auf die Wange. Mich küsste sie auf den Mund und ihre Zunge bahnte sich spitzbübisch flink den Weg durch meine Lippen. Oh, das war wie ein elektrischer Schlag, der durch meinen ganzen Körper zuckte. So hatte mich noch nie ein Kuss überrascht.

Auf der kurzen Fahrt nach Å fühlte ich mich fast wie eine Abenteurerin, für die jetzt eine Expedition in eine unbekannte Welt begann. Es war kurz vor Mitternacht und immer noch hell wie am Tag.

Solveig hatte ein süßes Ferienhaus auf einem Felsvorsprung für uns gemietet, direkt am Hafen, in der Nähe einer kleinen Mole. Wie alle Holzhäuser am Ufer, war es von außen rot gestrichen, geschützt mit einem Dach aus Wellblech. Lustig stand es nur zur Hälfte auf dem Felsen, die andere Hälfte wurde von langen dicken Holzpfählen abgestützt, die bis in das Wasser reichen.

«Es ist das Haus 14», sagte sie, als wir eintraten. «Es ist das größte und schönste Rorbuer hier in Å. Es hat ein großes Schlafzimmer und zwei kleine, aber das Schönste ist das Wohnzimmer, es hat einen Kaminofen. Wir dürfen ihn auch benutzen und draußen vor dem Haus liegt jede Menge Holz.»

Das Wohnzimmer war einfach, aber behaglich eingerichtet, Naturholzwände, wie in einem Blockhaus, links eine Holzbank und ein großer Tisch, rechts ein Sofa und zwei Sessel. An der Seite, an der Wand ein typischer skandinavischer Kaminofen mit großem Glasfenster. Auf der anderen Seite eine Küchenanrichte mit Schrank, Kaffeemaschine und Kochplatten.

Wir brachten unsere Koffer und Rucksäcke herein, packten aus und verstauten die vier großen Kartons mit Lebensmitteln, die Solveig gekauft hatte, im Küchenschrank. Hartmut hatte nichts Eiligeres zu tun, als das Feuer im Kamin anzuzünden. Endlich prasselten die Flammen im Ofen und Hartmut machte es sich auf dem Sofa mit seiner Flasche Cognac, die wir im Dutyfree in Düsseldorf gekauft hatten, gemütlich.

Solveig und ich schenkten uns ein Glas deutschen Riesling ein, der hier, laut ihrer Aussage, viermal so teuer war als bei uns.

Ich war glücklich und zufrieden. Das Haus war besser als ich erwartet hatte, zwar einfach eingerichtet, aber sauber.

Der Wein ließ meine Glieder schwer werden, meinen Geist träge und ich sehnte mich nach einem Bett. Die Achzehn-Stunden-Reise hatte mich geschlaucht. Um fünf Uhr aufstehen, die lange Warterei in Oslo auf den Anschlussflug und das noch längere Warten auf die Fähre in Bodö waren anstrengend gewesen - und so beschloss ich ins Bett zu gehen.

«Gute Nacht, ich bin müde, schlaft gut!», und verzog mich ins große Schlafzimmer.

Da mein Mann keinerlei Anstalten machte, dazu einen Kommentar anzugeben, sondern weiter seinen Cognac genoss und ununterbrochen in Unterlagen blätterte, verabschiedete sich auch Solveig: «God natt!», und verschwand nach nebenan in ihr kleines Schlafzimmer.

Rundfahrt

«Aufwachen, mein Schatz, Schlafmütze! Es ist neun Uhr und das Frühstück ist fertig!» Hartmut küsste mich zärtlich und ich schlang meine Arme um seinen Hals, roch sein Rasierwasser, seine Haut und küsste seinen Hals.

«Nix, da, aufstehen, wir frühstücken jetzt!» Er machte sich los und entschwand aus meinem Blickfeld.

Schlaftrunken zog ich mir meinen Jogginganzug über und ging, die Augen reibend, ins Wohnzimmer. Hartmut und Solveig saßen am Esstisch in der Ecke und frischer Kaffeeduft zog wohlriechend durchs Zimmer. Ich öffnete das Fenster und atmete tief durch. Die Aussicht war prachtvoll, direkt über dem Wasser schwebend schaute man auf den kleinen Hafen und hinaus auf das Meer. Ich hörte Seemöwen schreien und die Wellen, die um vertäute Boote schwappten. In der Ferne tuckerte der Diesel eines Fischerbootes. Meine Augen verfolgten ein paar Seemöwen, die kreischend an unserem Haus vorbeiflogen.

«Mein Schatz, komm, setze dich zu uns. Gut geschlafen? Solveig und ich sind schnell nach Sörvägen gefahren und haben dort frische Brötchen und Croissants gekauft.»

«Was, ihr wart schon weg? Ja, gut geschlafen habe ich, hab' nichts mitbekommen», gähnte ich in die Runde, streckte mich und setzte mich zu ihnen.

«Wenn du dich angezogen hast, gehen wir mal rüber zur Mole, dort liegt unser Skipper mit seinem Schiff, und sprechen mit ihm durch, was wir die nächsten Tage hier machen können.»

«Du kannst es gar nicht abwarten! Lass uns erst mal in Ruhe frühstücken.»

Freudig beschäftigten wir uns damit, die knusprigen Brötchen mit leckerer Marmelade und Käse zu schmieren und unseren Kaffee zu trinken. *Ich könnte die ganze Welt umarmen.*

Als wir das Haus verließen, war der Himmel bewölkt. Das Wetter sah gar nicht gut aus. Dunkle Wolken stauten sich an den Bergen.

An der Mole lag eine große Kutteryacht, mit zwei Masten, die auf den schönen Namen *Nostromo* getauft war und der Heimathafen Å war am Heck aufgepinselt.

Wir kletterten an Bord und wurden von einem zwei Meter großen blonden Hünen begrüßt, der meine Hand schier zerdrückte.

«Hallo, ich bin Erik», stellte er sich vor, «Willkommen an Bord der Nostromo, sie gehört jetzt für eine Woche Ihnen.»

Erik führte uns Stufen hinunter in einen kleinen Salon mit großer Eckbank und dickem Polster. Dahinter zeigte er uns zwei kleine Doppelkojen. Das Schiff wirkte gemütlich und war liebevoll maritim eingerichtet, mit viel Teakholz und Messingbeschlägen an jeder Ecke.

Er zeigte uns sein Steuerhaus, erklärte die Geräte, die massenhaft lustig von der Decke hingen, wie zum Beispiel das Radar- und ein Satellitennavigationsgerät. An der hinteren Wand befand sich ein Kartentisch, auf dem die Seekarten der Lofoten auslagen.

«Hier, schauen Sie mal. Hier ist Å, wo wir liegen, hier unten ist das Kap Lofotodden und dort die Inseln Mosken und Vaerroey. Aber ich sage Ihnen gleich. Heute wird es nichts mit dem Hellseggen. Eine Warmfront ist im Anmarsch. Sehen Sie sich das Wetterfax an. Die Front kommt bereits. Die Inseln Mosken und Vaeroey melden eine Wolkenuntergrenze von 150 Metern und es regnet. Ich habe es eben im Funk gehört. Aber morgen soll es sehr schön werden. Die Front wird heute Abend schon durchgezogen sein und es wird aufklaren. Aber wir können eins tun, wir machen jetzt los und drehen eine kleine Runde, sodass sie ein Gefühl für diese Küste bekommen.»

Ich war erstaunt, wie unproblematisch Erik den Diesel startete, die Leinen allein löste und Ruck zuck mit langsamer Fahrt aus dem kleinen Hafen von Å auslief. Erik strahlte Erfahrung und Vertrauen aus.

Souverän drehte Erik sein Steuerrad: «Die Nostromo ist von mir selbst umgebaut worden. Fast alles bis auf den Rumpf ist neu, dieses moderne Steuerhaus, der Wohnteil mit Salon und Kojen, sogar mit Dusche und WC und einen neuen

Schiffsdiesel habe ich eingebaut. Den Rumpf habe ich als ausgemusterten Fischkutter gekauft und seit ein paar Jahren organisiere ich hier von Å aus Angeltouren für Touristen. Aber nur für richtige Angler, keine Tagestouristen. Hauptsächlich auf Dorsch, den jungen Kabeljau, der hier oben im Norden Torsk genannt wird. Auch Deutsche habe ich schon an Bord gehabt.»

Er drehte am Steuerrad, um Kurs zu halten.

«Den Salon können Sie jederzeit benutzen. Auch die Kojen, wenn Sie sich ausruhen möchten. Wenn Sie mir sagen, was Sie an Getränken und zu Essen an Bord haben möchten, besorge ich das. Bier gibt es hier immer. Ich habe Transitbier Bier an Bord, deutsches Becks Bier.»

«Da sag ich nicht nein.» Hartmut strahlte, «Aber was ist Transitbier?»

Erik grinste über das ganze zerfurchte Gesicht. «So nennen wir es hier. Schmuggelbier. Von den großen Container-Schiffen kommen immer mal ein paar Kisten mit den Dosen rüber. Hier übernehmen sie das Ruder. Immer Kurs halten, ich hol das Bier.»

Als Erik mit den Bierdosen zurückkam, erzählte er, dass er auch Walewatching Touren machte und in den Norden bis hoch zu den Vesteralen Inseln fuhr. «Wenn wir Glück haben, können wir draußen auch Wale oder Delfine sehen. Die Orcas und Delphine kommen sehr oft um die Lofotenspitze herum, weil es hier so fischreich ist. Wenn sie möchten, können wir auch einen Tag hoch zu den Vesteralen fahren und Walsafari machen. Man trifft meistens auf Pottwale. Da oben fällt der Kontinentalschelf abrupt in Tiefen von über 2000 Meter ab, sodass die Pottwale ein reiches Nahrungsangebot vorfinden. Es gibt da auch Buckelwale, Finnwale und Grindwale, und sie kommen ganz nahe ans Schiff.»

Im Nu war mein Interesse geweckt und ich fühlte mich plötzlich wohl und sicher auf dem Kutter.

«Morgen wird es gut», meinte Erik, nachdem er lange aus dem Fenster geschaut hatte. «Morgen können Sie auf den Hellsegga. Morgen ist auch Vollmond, da haben wir Springflut. Nach der Tabelle hier für Nordnorwegen wird das Hochwasser um dreizehn Uhr nachmittags eintreten. Hier an der Atlantikseite der Lofoten ist es etwa eine Stunde früher, wir müssen also zeitig los. Ich würde vorschlagen so um sechs Uhr. Wir schippern ganz um das Kap herum auf die Westseite. Ich setzte Sie dann in der Buvaagen Bucht ab, die ist ideal und geschützt, fast wie ein kleiner Hafen und von dort beginnt der Aufstieg zum Hellseggen.»

Wir fuhren an einer ganz kleinen Felseninsel vorbei und im Hintergrund verschwand allmählich Å, das ausschaute, als seien kleine Spielzeughäuser auf die grauen und grünen Felsen geklebt worden. Mein Mann ließ sich von Erik das Radargerät erklären und sie spielten an dem großen Display mit den elektronischen Seekarten.

Solveig und ich stiegen aus dem Führerhaus, stellten uns hinter die windgeschützte Rückwand und sahen auf die Lofotenberge.

«Erik ist okay, oder?», fragte Solveig,

«Ja! Er ist nett, ein richtiger Seebär.»

«Ja. Viele Norweger verspotten die Männer auf den Lofoten als kauzige und ungehobelte Burschen, die nach Kabeljau und Salzwasser stinken, dreckige Witze erzählen und das Bier in Strömen hinunterspülen. Doch wer einen stabilen Magen hat und Mut genug, sich auf den winzigen Booten mit ihnen zum Hochseeangeln hinauszuwagen, wird die an sich wortkargen Insulaner als freundliche Gastgeber ins Herz schließen - und Erik ist doch sogar richtig gesprächig, nicht wahr?»

«Ja, er ist ein sympathischer Typ und sieht auch sehr vertrauenswürdig aus. Vielleicht sichten wir ja wirklich ein paar Wale.»

«Darf ich dich was fragen?», Solveig war ein bisschen verlegen.

«Ja, sicher, was ist denn?»

«Ihr beide, also du und dein Mann, ihr habt doch einen gewaltigen Altersunterschied.»

«Ja! Er ist 45 und ich bin 32.»

«Er sieht wirklich unglaublich jugendlich aus und ist er auch sonst noch sehr jugendlich? »

«Er hat zwar schon graue Schläfen und auch

sind die Haare nicht mehr vollzählig vorhanden, seine bernsteinfarbenen Augen nicht mehr so strahlend wie einst, aber er hat sich gut gehalten, ist fit und vital. Und im Bett auch. Behalte es für dich!» Ich streichelte ihre Hand. «Jeder hat so seine Geheimnisse.»

Und um das Thema zu ändern, fragte ich sie: «Sag mal, was ist eigentlich mit Imke, du hast sie letzten Monat überhaupt nicht erwähnt.»

«Ach, Imke. Aus Oslo. Du erinnerst dich? Ja, das war in Svalbard. Weißt du, es war sehr schön mit ihr, die zwei Monate auf der Station, aber danach haben wir uns aus den Augen verloren. In Tromsø zurück, hatte sie noch einmal versucht mich telefonisch zu erreichen, aber ich habe immer wieder gezögert, sie zurückzurufen. Die zwei Monate waren sehr intensiv, vielleicht zu intensiv. Da brauchte ich Abstand.»

«Hattest du sie denn nicht gemocht?»

«Oh, doch», erwiderte Solveig, «Ich verrate dir was, wir haben dort im Zelt jede Nacht miteinander geschlafen, es war himmlisch. So gesehen war es eine verrückte Zeit auf der Forschungsstation. Ich hatte aber danach in Tromsø eine Liaison mit einem Professor an der Uni, war halt wieder in einer anderen Welt, aber die ist auch schon wieder passé.»

Ich drückte Solveig einen Kuss auf die Wange. «Und wo stehst du nun wirklich drauf? Eher auf Männer oder eher auf Frauen?»

«Da bin ich flexibel. Imke, die war Vollblut-Lesbe und furchtbar eifersüchtig. Erst recht, wenn ich mit den Männern vom Team geflirtet habe. Ich bin sicher, wenn ich mit ihr zusammen geblieben wäre, hätte ich mich wie in einem Gefängnis gefühlt und das kann ich überhaupt nicht vertragen.»

«Das glaube ich dir. Du machst so einen starken Eindruck auf mich. Du bist so selbstsicher. Ich bewundere dich – ich glaube sogar, ich beneide dich. Als ich dich kennengelernt habe, da oben in Spitzbergen, da hatte ich erst später gecheckt, dass du mit Imke schläfst.»

Jetzt lachte ich und Solveig stimmte in das Lachen ein: «Ich kann mich nicht verstellen. Ich bin, wie ich bin. Frauen mag ich eben auch und dich ganz besonders.»

«Komm, wir gehen wieder rein zu Erik. Es fängt an zu regnen!»

Das Thema wurde mir jetzt zu heiß. Ich wusste nicht, wie ich das Brodeln in meinem Inneren bändigen sollte. Diese kleinen Schmetterlinge, die in einem Strudel durch meinen Bauch flogen und mich unruhig und hungrig zurückließen. *Träume ich zu viel?*

Nostromo

Als wir uns an der Reling festhaltend zum Führerhaus bewegten, schmeckte ich den Regen und die Gischt auf meinen Lippen.

«Puh, draußen schmeckt die Luft nach Salzwasser», rief ich drinnen zu Erik, der vor dem Steuerrad stand und lässig mit einer Hand steuerte.

«Das Salz muss sein, spülen Sie es mit einem Bier hinunter», antwortete er, «Das Salz wird hier auch geboren. Eine uralte Sage. Einen mythologischen Hinweis auf den Mahlstrom findet sich nämlich schon in der Edda. Das ist unsere alte

Sage hier in Skandinavien. Die Edda wurde im 13. Jahrhundert in Island verfasst und beschreibt die Götter- und Heldensagen. In der Edda heißt es, dass der dänische König Frodi, ein Enkel Odins, eine Mühle erhielt, mit der sich alles herbei mahlen ließ. Um aber die schweren Mühlsteine bewegen zu können, kaufte er vom schwedischen König zwei besonders große und kräftige Mägde, die Fenja und Menja hießen. Tag und Nacht befahl er ihnen Gold, Edelsteine und Glück zu mahlen. Um fliehen zu können, mahlten sich die Mägde eine Armee mit einem starken Führer herbei, der König Frodi erschlägt und die Mühle samt den Sklavinnen auf seinem Schiff mit sich nimmt. Der Heerführer entpuppte sich als ebenso unersättlich. Noch auf dem Schiff müssen die Mägde Unmengen an Salz herbei mahlen, bis das Schiff kentert und die Mühlsteine auf den Meeresgrund sinken. Und noch heute mahlen am Meeresgrund die gewaltigen Mühlsteine das Meer salzig. Dieser Ort wird Mahlstrom genannt.»

Ich war von seiner Erzählung begeistert und stellte mir die armen Mägde vor, die riesige Mühlsteine mit ihren Händen drehten und drehten und niemals schliefen.

Bei strömenden Regen liefen wir dann wieder in den kleinen Hafen von Å ein und eilten mit Erik zu dem einzigen Gasthaus Brygga zum Mittagessen. Es war gut besetzt, da gerade ein Touristenbus angekommen war.

«Alle Touristen auf den Lofoten wollen einmal nach Å, weil hier das Ende der Welt ist», äußerte sich Solveig. «Sie gehen erst zum Aussichtspunkt da oben auf dem Hügel, blicken zum Hellseggen und zur Insel Mosken - und dann kommen sie immer hierher.»

Das Essen war sehr gut, wir bestellten eine große Fischplatte für vier Personen und ließen sie uns schmecken. Beim Essen beschlossen wir zu meiner großen Freude, nach der Hellseggen Besteigung in den nächsten Tagen, wenn das Wetter es zuließ, auf Walfischjagd zu gehen.

«Was hat der Name *Nostromo* zu bedeuten?», fragte ich Erik. «Es ist ein seltener Name, nicht wahr?»

Er lachte. «Ja, das stimmt. *Nostromo* ist ein Roman von Joseph Conrad. Ich mag ihn, habe alle seine Bücher gelesen. Er war auch Kapitän und hat wunderbare Seefahrergeschichten geschrieben, speziell über die Südsee. Er hat gesagt, die weitesten Reisen unternimmt man immer im Kopf. Eigentlich wollte ich mit der *Nostromo* auch in die Südsee, dafür habe ich sie so ausgebaut, aber bisher habe ich das nicht geschafft. Nur im Kopf.»

Eine solche verborgene romantische Ader in diesen äußerlich so stark wirkenden Naturburschen hatte ich gar nicht vermutet.

Spätnachmittags, als wir wieder in unserer Rorbuer-Hütte saßen und uns überlegten, was wir bei diesem Regen unternehmen könnten, sprang Solveig plötzlich auf: «Habt ihr nicht Lust auf einen Saunagang? Jetzt ist das ideale Wetter dafür und tut gut. In unserem Nachbarhaus ist eine Sauna, die dürfen wir benutzen. Unser Vermieter hat mir gesagt, dass sie immer nachmittags zwischen vier und sechs Uhr beheizt wird. Wir haben extra Bademäntel, die hängen in den Schränken, damit können wir rüber gehen.»

«Au, ja. Das machen wir!» Ich war ganz Feuer und Flamme.

Der Vorschlag brachte einfach eine Abwechslung und da es draußen ununterbrochen regnete, konnten wir sowieso nichts anderes tun. Mein Mann murrte, aber nach einer Pause, bei der man nachempfinden konnte, welche Gedanken ihm durch den Kopf gingen, sagte auch er zu. Ich war sicher, der Gedanke, Solveig nackt zu sehen, hatte ihn überzeugt und so machten wir uns fertig, zogen die Bademäntel an und liefen durch den Regen hinüber ins Nachbarhaus. Auch ich freute mich darauf, Solveig in ihrer Natürlichkeit zu sehen. Es meldeten sich wieder die Schmetterlinge in meinem Bauch und ich spürte, wie eine Welle der Begierde durch meinen Körper zog.

Wir waren allein und legten unsere Bademäntel im Vorraum ab. Nackt, so wie uns Gott geschaffen hatte, betraten wir die Sauna.

Solveig hatte wirklich eine atemberaubende Figur. Sie war vielleicht fünf oder sechs Zentimeter größer als ich, wirkte aber dadurch noch schlanker. Ihre langen fast weißblonden Haare lagen losgelöst auf einem makellosen Rücken. Ihre besondere Schönheit, die sehr schmale Taille, den schönen runden Apfelpo und ihre endlos langen Beine faszinierten mich und ich konnte gar nicht mehr wegsehen.

Auch ihre Brüste, so groß und fest, wunderschön geformt, ließen mich an ein Gemälde denken. In diesem Moment beneidete ich sie um ihren Busen, verglichen mit meinen kleinen Äpfelchen.

Fast hatte ich erwartet, ein goldenes Vlies zu sehen, als sie ihr Handtuch zur Seite legte, aber es war ein kurzes gestutztes schwarzes Dreieck.

Solveig wusste um die Wirkung ihres Körpers und gelassen posierte sie lange vor mir und Hartmut, bis sie sich für einen Platz auf der Bank neben mir entschied.

Ich fixierte Hartmut aus dem Augenwinkeln und verfolgte genau, woran seine Blicke klebten und dass er, mindestens genauso wie ich, Solveigs Körper als schön empfand. Nach ein paar Minuten schwitzen stand er abrupt auf: «Ich hab' genug, ihr könnt ja noch drin bleiben, aber mir ist es hier zu heiß. Noch so einen Aufguss kann ich nicht aushalten! Bis gleich!»

Diese Aufgüsse wurden von Solveig regelrecht zelebriert und sicherlich war es ihm nicht nur körperlich zu heiß geworden.

Ich schmunzelte, denn Solveig war richtig frech. Zum Aufguss erhob sie sich immer, bückte sich dann vor uns tief herunter, um den großen Schöpflöffel hochzuheben und zeigte uns dabei von hinten ihren herrlichen, runden Po und ihre ganze Schönheit.

Solveig setzte sich seitlich neben mich, zog ihre Knie zu sich heran und legt sich mit dem Oberkörper zurück auf die Bank. Sie gab mir einen offenen Blick auf ihr mit Schweißperlen durchfeuchtetes Schamhaar, das, mit hunderten von glitzernden Diamanten verziert, im diffusen Licht der Sauna funkelte. Sie fuhr mit ihrer Hand über ihren Bauch und legte sie auf ihren Venushügel und ich konnte meinen Blick nicht abwenden. Dabei fixierte sie mich mit ihren Augen.

Ich lächelte sie an, konnte aber nichts sagen. Es war aufregend und mein Mund wurde trocken. Ich schluckte, ermunterte sie mit meinen Augen, starrte dann wieder gebannt auf ihren Finger, der sich kaum sichtbar stetig kreisend bewegte. Behutsam legte ich meine Hand auf die Innenseite ihres Schenkels. Sanft streichelte ich ihre Haut vom Knie bis kurz vor ihren Finger. Wir schauten uns in die Augen und ich spürte meine Erregung.

Solveig stöhnte laut auf. Ein gewaltiges Zucken durchlief ihren Körper. Ihr Finger kreiste immer wilder, bis sie schließlich erschöpft ihre

Hand zur Seite fallen ließ. Ermattet, mit einem befriedigenden Lächeln auf den Lippen, sank ihr Kopf zurück auf die Holzbank.

Ich rutschte hoch zu ihr, küsste ihre beiden Brüste, war noch ein wenig schüchtern, knabberte an ihren Brustwarzen, wurde mutiger, rutschte weiter hoch und küsste sie auf den Mund. Unsere beiden Zungen trafen sich und begannen ein wildes Spiel.

Durch den Kuss mit Solveig verspürte ich eine völlig neue Gefühlswelt. Mit Gewalt löste ich mich aus dem hypnotischen Blick und meinen verlangenden Träumen.

«Komm! Auf! Mir wird es jetzt auch zu heiß hier drinnen. Mein Mann macht sich bestimmt schon so seine Gedanken.»

«Magst du es nicht?»

«Doch, und ob. Es ist wunderschön, besonders dir in die Augen zu sehen.» Ich ergriff ihre Hand.

Aber Solveig hielt mich zurück: «Ich möchte dich küssen, überall, so lange du willst.»

Es klang so verlockend - und so voller Verlangen. Ich schüttele den Kopf. «Ich würde ja gerne, aber nicht bei 98 Grad.»

Jetzt hielt Solveig mein Handgelenk fest, «Ich möchte mit dir schlafen.»

«Das geht doch nicht!»

Solveig zog meine Hand wieder näher zu sich heran, um sie auf ihre Brust zu legen.

«Ich glaube, wir sollten jetzt wieder rüber

gehen. Deine Hand wird schon wieder vorwitzig.»

Sie umfasste meine Schulter und küsste mich, tausend Gedanken wirbelten durch meinen Kopf, ich konnte mich nicht mehr gegen dieses Gefühl wehren.

Wollte es!

Jetzt!

Ließ mich fallen.

War total verwirrt, Erregung durchströmte meine Lenden.

Mein Verstand sagte, nein, lass das!

Mein Gefühl wollte diese Frau, mein Körper wollte sie spüren. Es war mir alles egal, heiße Begierde löschte den Verstand aus.

Sie lag nackt neben mir. Sie war schöner, als es der menschliche Verstand begreifen kann. Ihre Haut war hell wie Alabaster und ich konnte die zarten Adern auf ihren Brüsten erkennen. Ihr hellblondes Haar lag in meiner Armbeuge und ihre betörenden blauen Augen sahen mich verheißungsvoll an. Ich ließ meinen Blick an ihrem Körper entlang wandern. Er war bis zum letzten Zeh ihrer Füße perfekt. Feingliedrig, schlank und muskulös. Ich drehte mich zu ihr und streichelte ihre Brüste.

«Danke schön», sagte sie, «Wenn du möchtest, darf du sie immer streicheln, immer wenn du Lust hast. Vil du ligge med meg?»

Ich schaute sie fragend an.

«Sollen wir ...?»

«Nein, komm jetzt, mir wird's zu heiß.»

«Schade.» Sie erhob sich.

Wir standen beide voreinander, umarmten und küssten uns, wieder und wieder.

Mit Gewalt riss ich mich los.

Meine Träume!

Meine Träume wurden Wirklichkeit!

Oh, mein Gott!

Turbulente Gedanken rasten durcheinander, zogen mich in einen wirbelnden Abgrund ...

Reine

Zurück im Ferienhaus erwartete uns Hartmut.

«Zieht euch an, wir fahren nach Reine zum Essen. Ich hab gelesen, da gibt es ein schönes altes Restaurant mit dem Namen Gammelbua.»

«Au ja!», rief ich, «Reine finde ich toll und ich habe einen mordsmäßigen Hunger.»

Reine, das war der schmucke Ort auf den Inseln mitten in einem Fjord, in dem wir vor einem Monat gehalten hatten.

«Ich kenne das Restaurant. Es ist wirklich gut», erwiderte Solveig. «Aber es ist auch sehr teuer.»

«Ach was», meinte Hartmut frohgelaunt, «das macht gar nichts. Wir fahren dahin.»

Solveig erzählte während der Fahrt: «Reine wurde vor einiger Zeit von den Leserinnen und Lesern einer bekannten norwegischen Zeitschrift zu einem der schönsten Fischerdörfer Norwegens gekürt. Der Ort wird schon seit 1743 von der Sverdrup-Familie geprägt. Die kleine Kirche des Ortes wurde vor hundert Jahren von Hartvig Sverdrup, dem ungekrönten König von Reine, erbaut. Direkt neben der Kirche hat die Familie ihren Friedhof. Noch heute ist die Familie der größte Arbeitgeber. Ich kenne sie. Sie verkaufen den Stockfisch bis nach China. Die Tranfabrik, die früher den Ort mit Rauchwolken überzog, wurde zum Glück demontiert. Als Kind habe ich den Gestank nie gemocht. Die Familie Sverdrup setzt heutzutage mehr auf Tourismus. Ihr gehören auch die meisten Rorbuer hier. Auch das Restaurant.»

Ein wirklich besonderer Ort, mitten in einem mit Inseln zerrissenen Fjord. Ich konnte Solveig nur beipflichten. Die reizvollen Holzhäuser, die eine weiße Kirche umkränzen, verliehen Reine mit der dahinter aus dem Wasser ragenden 300 Meter hohen spitz zulaufenden Felswand einen pittoresken Charakter. Jedes Haus war geschmückt mit einem gepflegten Garten.

«Ich finde Reine auch schön», bemerkte ich, als wir die Straße mit den kleinen Holzhäusern auf der Hauptinsel entlang bummeln, «Nichts gegen dein Å, Solveig, aber Reine ist so idyllisch gelegen, einfach einmalig.»

Wir betraten das 200 Jahre alte Restaurant Gammelbua, dessen Innenräume mit historischen Dekorationen und gerahmten Fotos vollgestopft waren und nahmen Platz. Die Speisekarte, mit vielen traditionsreichen norwegischen Speisen im Angebot, versprach ein lukullisches Gedicht.

Ich blickte aus dem Fenster, das eine wunderbare Aussicht auf den hinteren Fjord zuließ.

«Das Wetter wird besser», stellte ich fest, «Die Sonne scheint wieder, man sieht, wie sie die Gipfel anstrahlt.»

«*Når man snakker om sola så skinner den*. Ist ein altes Sprichwort und bedeutet: *Wenn man von der Sonne spricht, so scheint sie*!»

«Ich glaube, in Deutschland sagt man *Wenn man vom Teufel spricht, dann kommt er!*»

«Mal den Teufel nicht an die Wand, Solveig!», entgegnete Hartmut, «Das ist auch ein deutsches Sprichwort. Wir brauchen morgen gutes Wetter. Aber es scheint ja wirklich gut zu werden. Erik hat angerufen, während ihr noch in der Sauna geschwitzt habt. Er hat gesagt, dass die Warmfront bald durchgezogen ist und dahinter sogenanntes Rückseitenwetter herrscht und morgen ein wolkenloser Tag zu erwarten ist. Morgen geht es also los. Morgen ersteigen wir den Hellseggen und beobachten den Mahlstrom.»

«Du mit deinem Hellseggen. Was ist es, das dich so vehement dahinzieht?», fragte ich ihn.

«Ach, meine Kleine, das verstehst du nicht.

Das ist ein Jugendtraum. Seit ich zum ersten Mal die Geschichte von Edgar Allan Poe gelesen habe, will ich dort hinauf. Warum? Die Frage stelle ich mir gar nicht. Diese Gegend ist einfach zutiefst beeindruckend.»

«Ja, das gebe ich zu. Mich fasziniert das hier auch. Es ist alles so mystisch und fast unwirklich.»

«Edgar Allan Poe hat das hier so treffend und richtig beschrieben, dass man glauben könnte, er wäre selbst hier gewesen. Zumal er in der «Ich-Form» geschrieben hat.»

«Er war nie hier? Wie hat er das denn gewusst?»

«Poe hat selbst viel gelesen. Der nordische Gelehrte Olaus Magnus, der 1538 die Carta Marina gezeichnet hat, eines der ältesten Dokumente des Nordmeeres, hatte von diesem Mahlstrom und den Lofoten gehört, sie beschrieben und auf seiner Karte eingezeichnet. Da steht: 'hec es horrenda caribdis' – 'hier befindet sich der fürchterliche Wirbel'. Man geht davon aus, dass Edgar Allen Poe, diese Karte und den Text dazu gelesen hat und sich dann seine Geschichte, die 1841 erschien, ausgedacht hat. Wir werden wohl morgen sehen, wie gut Poe den Mahlstrom beschrieben hat.»

Hartmut zitierte plötzlich mit tiefer Stimme einige Sätze aus der Geschichte, die mich sofort erschaudern ließen: «Der Berg erzitterte in seinen Grundfesten und der Felsen bebte. Ich warf mich auf mein Angesicht und klammerte mich im Übermaß nervöser Erregung an das Gras. Im Jahre 1645 in der Morgenfrühe des Sonntags Sexagesimae raste der Mahlstrom mit solcher Wut und solchem Getöse, dass die Steine von den Häusern an der Küste zu Boden fielen.[1]»

Mir lief ein Schauer über den Nacken.

«Damals, als ich die Geschichte las, habe ich mich richtig gegruselt. Wenn du mich nicht aufgefordert hättest, die Geschichte unbedingt zu lesen, als du mir das Buch gegeben hast, dann hätte ich wahrscheinlich abgebrochen. Ich bin mehr für was Romantisches, Liebesromane und so.»

«Ja, ja. Die ganzen Pilcher Romane von deiner Tante, nicht wahr?», lächelte er.

Er beugte sich über den Tisch und zitierte drohend: «Plötzlich wurden wir von einer Brise überrascht, die über den Hellseggen daherkam. In weniger als einer Minute überfiel uns ein wilder Sturm, es wurde vollkommen dunkel. Der Sturm wurde immer stärker, es wuchs zu einem ohrenbetäubenden Orkan. Unser Boot war in Nu vollständig überflutet. Plötzlich packte mich jemand am Arm. Es war mein ältester Bruder, und mein Herz klopfte vor Freude, denn ich glaubte ihn längst über Bord gerissen. Im nächsten Augenblick jedoch verwandelte sich die Freude in Grausen, denn er näherte seinen Mund meinem Ohre und

1 *aus: Sturz in den Mahlstrom, Edgar Allan Poe*

kreischte das Wort: ›Moskoestrom![2]»

«Oh, hör auf», schrie ich, «Du machst mir nur Angst.»

Hartmut lachte lauthals, «So schlimm, wie Poe den Mahlstrom beschrieben hat, ist er wahrscheinlich nur ganz selten, wenn überhaupt. Vielleicht bei einem der atlantischen Orkane im Winter. Poe war einfach genial und seiner Zeit weit voraus. Er gilt als Begründer der modernen Kurzgeschichte und der Detektivgeschichten sowie als Vollender der phantastischen Erzählung des 19. Jahrhunderts. Mit dem Kriminalroman Der Doppelmord in der Rue Morgue, der mich auch als Junge schon richtig gruseln ließ, gilt er als Der Erfinder der Detektivgeschichte und des analytisch arbeitenden Kommissars, der seine Fälle durch Logik und Wissenschaftlichkeit löst.»

«Sie wissen viel über Edgar Allan Poe», staunte Solveig.

«Es war ein sehr interessantes Leben, das er geführt hat. Es muss sehr schwierig gewesen sein, für ihn als Schriftsteller, aber er hat auch Exzesse und Dekadenz mitgemacht.»

Die Bedienung fragte nach unseren Wünschen und befreite mich von der gruseligen Geschichte über den Mahlstrom. Wir gaben unsere Bestellung auf und kurze Zeit später wurde uns eine wunderbare Mahlzeit, bestehend aus gegrillten frisch

2 *aus: Sturz in den Mahlstrom, Edgar Allan Poe*

gefangenen Lachs mit Röstkartoffeln kredenzt.

Solveig erzählte von früher: «Als ich zwölf Jahre alt war, hat mir mein Vater erstmals etwas über den Mahlstrom erzählt. Wir waren zusammen im Kino, in Leknes, es war der Film 20.000 Meilen unter dem Meer. Da hörte ich zum ersten Mal, dass hier in den Lofoten der Mahlstrom ist, der ein U-Boot zerschellen lässt.»

«Ja! Das stimmt», mischte sich Hartmut ein, «Das ist ein interessanter Hinweis. Mehr noch als durch Poe's Geschichte ist der Mahlstrom durch das Buch von Jules Verne bekannt geworden. Das Buch ist weltweit übersetzt und verkauft worden und etliche Male schon verfilmt. Am Schluss des Romans 20.000 Meilen unter dem Meer, schreibt Verne, die Nautilus, das U-Boot, fuhr zwei, drei Wochen lang in fünfzig Meter Tiefe, ohne dass Professor Arronax Kapitän Nemo oder einen seiner Offiziere zu Gesicht bekam. Ned Land, der Assistent vom Professor, bereitete die Flucht vor und beschaffte einen Schraubenschlüssel, der zum Öffnen der Luke erforderlich war.

Heimlich schlichen sie sich zur Luke, als Kapitän Nemo auf der Orgel spielte. In dem Augenblick, als Professor Arronax, Conseil und Ned Land ins Beiboot klettern wollten, merkten sie, dass die Nautilus sich mit zunehmender Geschwindigkeit auf einer enger werdenden Spirallinie bewegte: Sie wurde vom Malstrom erfasst, dem ungeheuren Strudel bei den Lofoten. Offenbar hatte Kapitän

Nemo bewusst diese Stelle aufgesucht. Professor Arronax wurde aus dem U-Boot geschleudert, schlug mit dem Kopf gegen einen Stahlrahmen und verlor das Bewusstsein. Als er wieder zu sich kam, lag er in einer Fischerhütte auf den Lofoten und seine beiden Gefährten saßen wohlbehalten neben ihm. So endete die Geschichte bei Jules Verne.»

«Dann hat Edgar Allan Poe den Hinweis von Jules Verne bekommen?», fragte Solveig.

«Nein, es war umgekehrt», antwortete Hartmut jetzt ganz eifrig. «Jules Verne gab seinen Roman 1870 heraus und Edgar Allan Poe, der ja schon 1849 gestorben war, hatte seine Geschichte 1841 als Chefredakteur vom Graham`s Magazine veröffentlicht. Es ist bewiesen, dass Jules Verne, die Idee mit dem Mahlstrom von Edgar Allan Poe übernommen hat.»

«Wie denn das?», fragte ich, «kannten sich die beiden?»

«Nein, zusammengetroffen sind sie nie. Aber Verne hat Poe's Geschichten alle gekannt. Poe war ja zu der Zeit schon berühmt und berüchtigt. Bereits 1864 veröffentlichte Jules Verne einen in vier Kapitel untergliederten Artikel mit dem Titel Edgar Poe und sein Werk, der im Magazin Musée des familles veröffentlicht wurde. In diesem Artikel unterzieht Jules Verne das Werk des damals schon berühmten nordamerikanischen Autors Poe einer Tiefenanalyse. Dass Edgar Allan Poe tatsächlich einen Einfluss auf Jules Verne hatte, zeigt sich ebenfalls im Roman Die Eissphinx, wo Verne Poe's Geschichte Die denkwürdigen Erlebnisse des Arthur Gordon Pym weitererzählt. Außerdem soll Jules Vernes berühmter Roman Die Reise um die Erde in 80 Tagen in der Grundidee auf eine Erzählung von Edgar Allan Poe mit dem Titel Drei Sonntage in einer Woche zurückgehen.»

«Liebling», lachte ich laut, «Du bist wirklich ein richtiger Fan von Edgar Allan Poe.»

«Ja ja, das bin ich», erklärte er breit grinsend, «Es gibt da auch noch sehr erotische Aspekte in Poe's Leben. Die erzähl ich euch später mal. Jedenfalls, Jules Verne hat den Mahlstrom von Poe. Das ist sicher. Im Jahre 1867 schifften sich Jules Verne und sein Bruder Paul auf der Great-Eastern ein und fuhren über den Atlantik in die USA. Das war damals das größte und modernste Dampfschiff der Welt. Ihr Aufenthalt dort währte nur einige Tage, in denen sie New York und die Niagara-Fälle besichtigten. Jules Vernes Eindrücke von dieser Reise sind im Roman Eine schwimmende Stadt festgehalten. Bald nach seiner Rückkehr kaufte sich Verne eine kleine Yacht mit dem Namen Saint Michel. Er war ja schon ein gemachter Mann. Mit dieser Yacht unternahm er mehrmals ausgedehnte Reisen nach Schottland und nach Skandinavien. Es findet sich jedoch keinerlei Hinweis darauf, dass er selbst mit seinem Schiff hier oben bis zu den Lofoten gefahren ist und am Mahlstrom war.»

Hartmut erzählte und erzählte und meine Gedanken schweiften ab. Soll ich den heutigen Nachmittag erwähnen? Mal sehen! Vielleicht eine Menage á trois? Davon hatte ich auch schon mal geträumt. Ich war so kribbelig. Die Vorstellung von Hartmut gevögelt zu werden und gleichzeitig mit Solveig zu küssen, machte mich immer erregter. Meine Hand legte ich auf Solveigs Oberschenkel und meine Aufmerksamkeit richtete sich wieder zu Hartmuts Schilderung.

«Das schönste, was ich von Edgar Allan Poe kenne», warf ich ein, «ist sein Gedicht, Ist alles was wir scheinen oder schaun, doch nur der Traum in einem Traum.»

«Das kenne ich nicht!» Solveig schaute mich verwundert an.

«Es ist wunderschön. Ich habe es in der Reisetasche. Wenn wir zurück sind, gebe ich es dir. Es ist ganz romantisch. Wenn man es liest, kann man sich seine Gedanken vorstellen und man beginnt, wie von selbst, zu träumen. Poe spricht vom Träumen, von Sand, der durch die Finger rieselt und hohen Wellen, die alles mitreißen. Er hat also nicht nur Horror beschrieben.»

Hartmut ließ sich aus seinem Thema nicht herausbringen. «Poe's Mahlstrom hat auch Eingang in die Sience Fiction Literatur gefunden und etliche Romane, erst recht die Perry Rhodan Romane, erwähnen immer wieder einen galaktischen Mahlstrom.»

Als wir mit dem Essen fertig waren, sah ich Hartmut liebevoll an: «Schatz, sei mir nicht böse, es ist alles sehr spannend, aber ich bin müde und würde jetzt gerne gehen.»

«Okay!»

Sofort rief er den Kellner, bezahlte die Rechnung und wir erhoben uns. Er hakte uns beide unter und wir verließen das Lokal.

Zwei und eins

Zurück im Ferienhaus entfachte Hartmut das Feuer im Kaminofen. Er war so beschäftigt, dass er nicht bemerkte, dass ich mit Solveig ins Schlafzimmer verschwand.

«Zieh' deinen Pulli aus. Ich zieh' meinen auch aus.»

«Was hast du vor?», fragte sie.

«Lass dich überraschen, frag' nicht.» Ich küsste sie auf den Mund. «Und deinen BH auch!»

Auf unserem Rückweg hatte ich spontan eine Idee und die wollte ich jetzt durchführen, ich hatte das sichere Gefühl, dass Solveig mitmachen würde.

Auf dem Sofa vor dem Kamin machten wir drei es uns gemütlich. Hartmut hatte schon mal seine Flasche Cognac geholt und hielt sein Glas in der Hand.

Ich überlegte, ob er registrieren würde, dass wir beide keinen BH unter unseren Blusen trugen, da sowohl bei Solveig, als auch bei mir, die Nippel unübersehbar zu erkennen waren. Es war noch nicht so richtig warm im Zimmer und ich wartete auf meine Gelegenheit.

Hartmut jedoch versank ganz in seiner Gedankenwelt um den Mahlstrom. Er breitete Karten aus, zählte uns unzählige Namen der kleinen Insel auf und las aus Reiseberichten vor. «Heute lassen wir es nicht spät werden. Wir müssen morgen früh aus den Federn. Der Mahlstrom ruft», sagte er schließlich voller Inbrunst.

Nun hatte ich wirklich genug vom Mahlstrom und da es behaglich warm wurde, beschloss ich, zum Angriff überzugehen.

«Wusstest du eigentlich, dass Solveig vor ein paar Jahren schon mal Miss University Norway war», fragte ich ihn.

«So, war sie das?», brummelte er wortkarg.

«Findest du sie denn nicht auch außergewöhnlich hübsch?», bohrte ich weiter.

«Ja, ja. Doch. Sicher.»

«Sag' doch, hättest du sie nicht auch gewählt?»

«Ich? Ja. Natürlich.»

Ich stand auf, reichte Solveig meine Hand und sagte zu ihr: «Steh' bitte auf, zeig' dich im Profil. Mein Mann weiß anscheinend gar nicht, wie hübsch du bist.»

Solveig stand auf und ich drehte sie seitlich zu Hartmut.

«Natürlich weiß ich, wie hübsch sie ist. Ich bin doch nicht blind», murrte er verdrossen.

«Warum bist du denn so schnell aus der Sauna verschwunden? Fandest du sie da nicht auch erregend schön?»

Hartmut schüttelte ungläubig den Kopf und musste lachen.

«Hat sie nicht eine super Figur? Sie ist doch nach wie vor die Schönste nördlich des Polarkreises, nicht wahr?»

Ich schaute frech zu ihm und legte meine Hände auf Solveigs Schultern, die nicht so recht begriff, was mit ihr geschah.

Langsam ließ ich meine Hände flach über ihren Busen gleiten, mein Herz klopfte wie verrückt und ich wünschte mir, dass Soveig in die Rolle einstieg. Als meine Hände ihre Taille erreichten, drehte ich Solveig mit dem Gesicht zu Hartmut und stellte mich hinter sie. Mit meinen Händen auf ihrer Vorderseite fuhr ich wieder hoch, ergriff ihre Brüste durch die Bluse und hob sie an.

«Hat sie nicht den schönsten Busen, den du je gesehen hast? Gib es zu», erklärte ich ihm über

Solveig Schultern hinweg. Er murmelte etwas, was ich nicht verstand.

«Hast du sie dir nicht genau angesehen? In der Sauna? Sind sie nicht erlesen?», redete ich weiter, «So schön groß, nicht so wie meine beiden Kleinen.»

«Na, du bist doch auch hübsch», ließ sich mein Mann immerhin vernehmen. Dabei räkelte er sich ganz entspannt in die Ecke des Sofas und verschränkte seine Hände hinter seinem Kopf. Jetzt wusste ich, dass er das Spiel durchschaute und auf die Genießerseite gewechselt war.

Solveig ahnte wohl schon, was ich im Schilde führte und spielte bereitwillig mit. Ich war sehr aufgeregt.

So standen wir beide vor meinem Mann, der seinem Kopf, leicht wiegend, zu uns herschaute.

«Gefallen wir dir?», fragte ich, ein wenig herausfordernd. «Findest du uns schön?»

Hartmut stöhnte aus tiefer Brust: «Ihr beide seid wunderschön. Es ist ein Genuss euch anzusehen.»

Langsam begann ich Solveigs Bluse aufzuknöpfen und ließ mir zwischen jedem Knopf unendlich Zeit. Nur das Knistern des Feuers im Kamin unterbrach die atemlose Stille. Ich zog ihre Bluse auseinander und umfasste ihre Brüste. Ich konnte nur zu gut ermessen, dass es Hartmut elektrisierte.

«Schau genau zu!», forderte ich Hartmut auf.

Ich wurde immer mutiger und öffnete Solveigs Hose und streifte sie nach unten. Meine Finger streichelten zuerst ihre Unterschenkel und machten sich auf den Weg zu den Oberschenkeln. Geschickt streifte ich auch ihr Höschen ab. Solveig war nicht untätig und hatte mich ebenfalls von meiner Kleidung befreit. Sie kniete jetzt vor mir und küsste meine Scham. Ihre Zunge spielte genießerisch mit meiner Lustperle. Wir wechselten die Stellung und ich leckte Ihren Kitzler. Ihren Bauch küssend erhob ich mich und sah Hartmut an, der sichtbar erregt war.

«Willst du nicht mitkommen? Solveig schläft bei uns. Das kleine Zimmer ist zu kalt. Unser Bett ist breit genug, wir beide können uns die eine Seite teilen», forderte ich ihn auf und reichte meinem Mann die Hand.

Unter der dicken Daunendecke lagen wir alle drei eng zusammen. Ich schob die CD in den Player und eine ganze Weile lauschten wir dem Sound von *Alan Parsons Project Tales Of Mystery And Imagination.* Die musikalische Hommage an Edgar Allan Poe, die ich vor dem Abflug noch schnell eingepackt hatte. Nach und nach gingen unsere Hände spazieren und im Nu waren wir alle drei in einem Rausch der Sinne.

Solveig und ich verschmolzen in unseren Umarmungen, Küssen und Zungenspiel. Es drehte sich alles um mich herum. Ich genoss Solveigs Zunge und ihre zärtlichen Fingerspitzen und gleichzeitig Hartmuts Stärke und seine rau küssenden Lippen. Jeder war bei jedem und Hände und Lippen suchten ihre lustvollen Ziele, fanden sich und bewegten sich weiter auf ihrer Entdeckungstour. Vier Hände und zwei Paar Lippen machten mich verrückt. Unsere Leidenschaft suchte den Rausch der Einheit. Sie war ein wilder und unbeherrschter Strom von Bewegungen – ein Wahnsinn des Tastens, des Fühlens und der Haut. Wir verwirbelten in- und umeinander – ein Wirbel in einem Strudel der Lust.

Als wir erschöpft unter den Decken lagen, Solveig und ich eng aneinander gekuschelt, robbte Hartmut zu uns heran, küsste uns beide und erklärte streng: «Aber jetzt keine unsittlichen Spielchen mehr, verstanden? Ich hab' den Wecker auf sechs Uhr gestellt. Morgen wird es ernst.»

Ich dachte noch, so etwas kann nur ein Mann in solch einer Situation sagen. Aber erschöpft und zufrieden schluckte ich meine Antwort hinunter und schaltete den CD-Player aus. Wohlig räkelte ich mich in den Armen von Solveig, spürte den Körper von Hartmut an meiner anderen Seite, meine Gedanken flossen dahin und im Nu war ich erschöpft und zufrieden eingeschlafen.

Ich träumte von einem Meer. Wellen dümpelten gemächlich dahin. Ich trieb schwerelos im Wasser. Die Sonne legte ihre warmen Strahlen auf meinem Körper ab, der Wind strich sanft über meine Haut und das

Kreischen der Möwen entspannte mich mehr und mehr. Mein Körper schwebte schwerelos im Wasser und ich fühlte mich unendlich wohl. Plötzlich hörte ich ein Rauschen und Summen, es wurde immer lauter und ich dümpelte nicht mehr dahin, sondern wurde von einem Sog erfasst und raste auf einen Abgrund zu, der mich zu verschlucken drohte. Ich schrie und schrie, bis ich keine Stimme mehr hatte, Wasser drang in meine Lungen und ich drohte zu ersticken.

«Ute, wach auf! Du bist in deinem Bett! Alles ist gut!» Ich erwachte und war in Schweiß gebadet.

«Was ist los?»

«Was hast du denn geträumt? War ein Monster hinter dir her? Du hattest Angst und hast um Hilfe gerufen!»

«Oh, mein Gott! Ich habe vom Mahlstrom geträumt, aber weiß nicht mehr so genau, was!»

«Komm, schlaf weiter, morgen geht's früh raus.»

***

Der Wecker klingelte pünktlich und Hartmut stand auf. «Ich geh' ins Bad, ihr habt noch zehn Minuten, aber dann los.»

Solveig und ich drehten uns zueinander und gaben uns einen Kuss.

«Guten Morgen, liebe Solveig», grinste ich sie an, «Wie geht es dir?»

«Hmmm, ich glaube, gut, nein, sehr gut. Hab geschlafen wie ein Murmeltier. Und dir? Geht es dir auch gut?»

«Mir geht es super. Es war himmlisch.»

«Ja, das kann man sagen. Das war wirklich unglaublich. Am Schluss habe ich gedacht, ich sterbe, so kam es mir.»

«Es war soo schöööön!»

«Aber verrückt war das schon. Dein Mann ist ein sehr prachtvoller Mann. Das sah in der Sauna gar nicht so aus.»

«Ja», lachte ich. «Wenn er klein ist, sieht er aus, wie ein Winzling - aber wenn er ausgefahren ist, steht er prachtvoll.»

Hellsegga

Jeder, der einmal hier war, wurde von dieser Natur gefangen genommen. Felswände mit schroffen und bizarren Kanten, Bergspitzen, die bis in die Wolken reichten - und dazwischen winzige Fischerdörfer, die aussahen, als würden sie gleich von der Klippe rutschen und in der endlosen See versinken. Umrahmt von glatten dunklen Klippen, die von der Gicht der Brandung geschäumt, hell glänzend den Himmel und die Sonne spiegelten.

Die Lofoten, die *Inseln der Götter,* wie sie auch genannt werden, ragten wie eine steile blanke Wand aus dem rauen Nordatlantik. Eine 180 Kilometer lange Inselkette, blau grau, die sich trotzig in die dunkle aufgewühlte See schob.

Mich erfasste der Anblick. Nirgends an den Küsten Europas verwandelte sich die Natur derart ausdrucksvoll und unauslöschlich in Formen und Farben des Lichts, wie hier am nördlichen Rande des Atlantiks: Natur, die hier in ihren spektakulärsten Erscheinungsformen auftritt. Gebirgszüge und Fjorde, die anderswo gewöhnlich wirken, sind ins scheinbar Verrückte übersteigert, die Landschaft wird zu einem surrealistischen Gemälde und ist derart eindrucksvoll, dass im Vergleich dazu viele andere Küstenabschnitte des hohen Nordens nahezu langweilig wirken.

Stolze, die See spiegelnde Granitfelswände, umgeben von hellgrün leuchtenden sanften Hängen, ragen bis zu 1000 Meter urplötzlich und steil aus dem Meer. Und schon im nächsten Augenblick verwandelt sich diese Welt. Alles Gestein wird verborgen durch einen Vorhang aus weißem Nebel und Licht und an den Felsklippen schimmert dann blaugrün das Meer in einer strahlenden Ruhe.

Erik hatte uns in die nördliche Bucht unterhalb des Hellseggens gefahren, den Anker geworfen und uns mit dem Dinghi an Land gebracht. Mit unseren Rucksäcken auf dem Rücken begannen wir den Aufstieg. Solveig voran, die den Pfad kannte und immer wieder, wenn es steiler wurde, warnende Worte nach hinten rief. Oft musste ich mich einfach umdrehen, um die atemberaubende Aussicht zu genießen. Schwitzend erreichten wir den Gipfel. Der sagenumwobene Hellseggen, der majestätisch als Kap aus dem Meer ragt und auf den Lofoten der Bewölkte heißt.

Und wir hatten sagenhaftes Glück, er war nicht bewölkt. Der leichte Bodennebel war verflogen. Wolkenloser, tiefblauer Himmel wölbte sich über uns. Die Sonne auf halber Höhe spendete etwas Wärme. Es war Mittag. Höher kam die Sonne nicht, dafür ging sie bis Mitte Juli auch um Mitternacht nicht unter.

Außer Atem, erschöpft, die Waden massierend ließen wir uns nieder. Der Aufstieg hatte mit etlichen Pausen über zwei Stunden gedauert.

Mein Mann und Solveig packten die Isomatten aus den Rucksäcken, breiteten sie auf dieser kleinen ebenen und teilweise bemoosten Fels-Plattform wenige Meter unterhalb des Gipfels aus. Ich zerrte die große schwere Wolldecke aus meinem Rucksack, die mich mit ihrem Gewicht den ganzen Aufstieg malträtiert hatte und legte sie auf die Isomatten. Endlich konnte ich mich hinhocken und verschnaufen.

Ich schaute mit unsicheren Blicken zum wenige Meter entfernten Felsrand, hatte mich nicht getraut, nahe an ihn heranzugehen. Hinter dem Rand ging es steil und schroff kantig in die Tiefe bergab. Ich sah auf einen weiten Ozean hinaus, dessen Wasser von tintenschwarzer Farbe war.

Ggenau wie Edgar Allan Poe es beschrieben hatte. Keine menschliche Phantasie konnte sich ein schreckerregenderes, trostloseres Panorama ausdenken und doch war es so faszinierend schön.

Zur Rechten und zur Linken hinter uns, lagen so weit das Auge reichte, Wände, wie Reihen von schreckhaft finsteren, überhängenden Felsenklippen, deren düsterer Charakter durch die wüste Brandung, die seit Ewigkeiten heulend und kreischend ihre weißen, geisterhaften Schaumkämme empor peitschte, grauenhaft gesteigert wurde. Und doch waren sie immer wieder durchzogen, von großen grünen Flächen der Moose, die sich zärtlich weich an die Felsen schmiegten.

Ich erinnerte mich an etwas, das der alte Mann in Poe's Geschichte zu seinem Begleiter sagte, etwas, das mir schon damals, als ich es las, Angst einflößte.

»Vor drei Jahren noch«, sagte er zu ihm, »hätte ich diesen Weg gerade so leicht und ohne Ermüdung gemacht wie der jüngste meiner Söhne; aber dann hatte ich ein Erlebnis, wie wohl kein Sterblicher vor mir – wenigstens wie keiner es überlebte, um davon zu berichten –, und die sechs Stunden tödlichen Entsetzens, die ich damals durchgemacht, haben mich an Leib und Seele gebrochen. Sie halten mich für einen sehr alten Mann – aber ich bin es nicht. Weniger als ein Tag reichte hin, um mein tiefschwarzes Haar weiß zu machen, meinen Gliedern die Kraft, meinen Nerven die Spannung zu nehmen, sodass ich bei der geringsten Anstrengung zittere und vor einem Schatten erschrecke. Können Sie sich denken, dass ich kaum über diese kleine Klippe zu schauen vermag, ohne schwindlig zu werden?[3]«

Ich blickte wieder zu dem Klippenrand vor mir, und schüttelte mich. Ich würde auch nicht über ihn hinweg schauen wollen.

Wir zogen unsere dicken Anoraks aus, ließen die erste Flasche Mineralwasser kreisen und knabberten Landjäger, die wir aus Deutschland mitgebracht hatten.

3 *aus: Sturz in den Mahlstrom, Edgar Allan Poe*

«Puh. War das anstrengend», ich redete mehr zu mir als zu den anderen. «Morgen werde ich bestimmt Muskelkater bekommen.»

«Ach, meine Kleine. Ich bin so stolz auf dich», ermunterte mich mein Mann, «Etwas über zwei Stunden für den Aufstieg, das ist ganz große Klasse. Ist diese Aussicht nicht phantastisch? Es hat sich doch gelohnt, nicht wahr? Du hast dich wirklich gut gehalten. »

«Wie hoch sind wir denn jetzt?», fragte ich zurück.

«Über 500 Meter. Schau dich um, hinter uns, ganz da hinten, der höchste Berg, der Dunkle, das muss der Hermannsdalstinden sein. Der ist 1029 Meter hoch. Sieht der nicht majestätisch aus?»

«Oh», stöhnte ich wieder, «Da müssen wir nicht auch noch hoch, oder? Mir reicht das hier.» Natürlich war ich auch ein wenig stolz auf mich. So eine Bergbesteigung hatte ich zuvor noch nie gemacht. Die vielen schroffen Berge, rechts und links hinter uns, die ganz sicher eindrucksvoll waren, reizten mich jetzt nicht mehr zu weiteren Bergabenteuern. Ich schaute lieber auf das unendliche Panorama, dass sich vor uns zeigte. Das graue Meer, die See, bis zum Horizont. In der Ferne, im Süden, sah man eine kleine dunkle Insel. Wie weit mag sie entfernt sein, fragte ich mich.

Solveig mischte sich ein. «Ute, hier hast du das Fernglas.» Und als wenn sie meine Frage erahnt hätte, erklärte sie: «Genau geradeaus, die dunkle

Insel, das ist die Insel Mosken. Daher kommt auch der Name. Wir nennen den Mahlstrom Moskenstraumen – so heißt er auf Norwegisch.»

«Und das da unten ist der sagenumwobene Mahlstrom?»

Ich war enttäuscht, da ich nur auf dunkles Wasser und tausend kleine Wellen blickte.

«Jetzt warte es mal ab», antwortete mein Mann, «wir sind genau in der Zeit. Der Tiden-Stillstand ist vorüber. Der Wind steht aus Osten, hat bestimmt fünf bis sechs und hält die Flut noch zurück. Dafür wird sie, wenn sie die Oberhand bekommt, umso gewaltiger einströmen.»

So saßen wir gemütlich, eng aneinander gerückt zusammen und blickten auf das Meer. Ich fischte mir eines der Lachsbrötchen, die wir uns heute Morgen fertig gemacht hatten, aus dem Rucksack und kaute hungrig.

Solveig fütterte uns mit ihrem geologischen Wissen.

«Die *Moskenstraumen Strait* ist wie ein Unterwasserdamm. Zwischen hier und der Insel Mosken und den noch vorgelagerten Riffs und winzigen Inseln ist es nur 30 bis 40 Meter tief, während der Atlantik im Westen 2000 Meter tief und im Osten der Vestfjorden über 250 Meter tief ist. Das Wasser drückt sich an dem Damm hoch und will hinüber. Es gibt je nach Wetterlage Höhenunterschiede des Meeresspiegels bis zu vier Metern. Die Strudel entstehen, wenn die Flut in den Moskenstraumen hineindrängt. Und besonders stark sind sie, wenn der Wind gegen die Strömung drückt, wenn sich die Wellen meterhoch auftürmen und wie Häuserwände einstürzen. Dann entsteht hier der größte Mahlstrom der Welt. Die Flut zwängt sich an unserer Inselkette vorbei aus dem Atlantik und will in Richtung Osten. Überall dort, wo eine schnelle Strömung an einer langsamen vorbeifließt, kommt es zu Verwirbelungen. Dabei zieht die schnelle Strömung die langsame in sich. Das Ergebnis sind dann die trichterförmigen Strudel, Tornados im Wasser. Alle sechs Stunden zwängen sich hier 800 Millionen Kubikmeter Wasser durch eine nur 2000 Meter schmale Meerenge.»

«Und dann gibt es den großen Strudel, den Edgar Allan Poe in seiner Geschichte beschreibt?», fragte ich sie.

«Nein, so groß wie Poe den Strudel beschrieben hat, sind sie nicht. *Professor Björn Gjevik, Professor in Hydrodynamics an der University Oslo,* hat sich eingehend mit dem Mahlstrom befasst. Wenn die Flut jetzt hier kommt, entstehen kleine Strudel, die fünf bis zehn Meter Durchmesser haben können.

Sie haben aber Satellitenbilder ausgewertet und dabei festgestellt, dass die vielen kleinen Strudel sich manchmal vereinigen können und dann bis zu 20 Meter groß werden. Der Gezeitenstrom hier ist der Stärkste der Welt. Als es noch keine Bootsmotoren, sondern nur Segelboote gab, schluckte und tötete er jedes Jahr Fischer.

Heute sind eher Touristen in kleinen Angelbooten gefährdet. Die Fischer und die Angler fahren aber sehr gerne hierher. Sie sagen, die Wirbel machen die Fische ganz verrückt und beißwillig. Die Strömung hier treibt einem den Dorsch regelrecht in die Arme.»

«Erik», warf Hartmut ein, «hat mir gesagt, dass er nicht zuletzt deshalb auch einen 320 PS Diesel in seinem Kutter hat. Er hat auch erzählt, dass er sich schon ein paar Mal gedreht hat.»

So schön die Aussicht auch war, es lag doch etwas Bedrohliches in der Luft. Ich konnte es nicht richtig erfassen, aber irgendwie beeinflussten solche Geschichten die Gedanken und den Körper. Und die Geschichte von Edgar Allan Poe kannte ich nur zu gut. Ich saß verspannt und steif.

Hartmut suchte minutenlang die See mit dem Fernglas ab. «Ich glaube, es geht los.»

Eine ganze Zeit lang später vernahm ich auch ein unüberhörbares Rauschen. Das leise Rauschen ging nach und nach in ein Brausen und Tosen über. Gebannt starrten wir alle drei nach unten auf das Meer. Wir bemerkten, dass die See mit ihren Wellen kleine Schaumkämme bildete und sich mit äußerster Schnelligkeit in einen nach Osten treibenden Strom verwandelte. Während ich hinunterblickte, wuchs die Strömung mit reißender, ungeheurer Schnelligkeit. Mit jedem Augenblick nahm ihr gigantisches Ungestüm zu. In weniger als einer halben Stunde war die ganze

See bis zur Insel Mosken hin zu unbezähmbarer Wut aufgepeitscht. Rechts unten, an der Atlantik-Küste unseres Bergmassivs raste der Aufruhr am wildesten und spritzte die Gischt meterhoch die Felswände empor. Hier narbte und zerfurchte sich das ungeheure Wasserbett in tausend gegeneinander wütende Kanäle, brach sich plötzlich mit krampfhaften Zuckungen – toste, brodelte, zischte, wirbelte in riesigen, unzählbaren Strudeln und schoss mit einer Schnelligkeit unter uns nach Osten, die man sonst nur bei Wildwasser in den Bergen sah.

Wenig später erfuhr die Szene wieder eine vollkommene Veränderung. Die Oberfläche wurde ruhiger und die Strudel verschwanden einer nach dem anderen, während mächtige Streifen Schaums an Stellen sichtbar wurden, an denen man bis jetzt noch keine wahrgenommen hatte. Die Streifen breiteten sich allmählich weithin nach allen Richtungen aus, verbanden sich miteinander und nahmen die wirbelnden Bewegungen der verschwundenen Strudel an, als wollten sie einen neuen, größeren hervorbringen. Langsam und unaufhaltsam, bildeten sich drei endlos lange Wellenkämme von unserer Landspitze in Richtung der Insel Mosken.

«Da, das sind die großen Strömungswellen», rief Solveig ganz aufgeregt, «das Wasser drückt jetzt mit Gewalt über den unterseeischen Damm.

Wenn man jetzt da draußen mit einer kleinen Jolle wäre, dann gute Nacht.»

Wir saßen stumm da und staunten, bis Hartmut plötzlich mit tiefer Stimme sprach: «Aggressi sunt mare tenebrarum, quid in eo esset explorat. Das heißt: Sie haben das Meer der Finsternis durchfahren, mit dem Ziel herauszufinden, was darin enthalten sei.»

«Oh, das macht mir wirklich Angst», murmelte ich und schmiegte mich eng an ihn.

«Ein alter nubischer Gelehrter, *Ptolemy Hephaistion,* im antiken Rom. Er soll schon damals das im hohen Norden liegende Mare Tenebrarum, die Unterwasser-Hölle, beschrieben haben, der Schrecken der Seeleute.»

«So lange kennt man den Mahlstrom schon?»

«Seit Menschengedenken», antwortete mir mein Mann, «Seit Jahrtausenden schon sind die Mahlströme an den Lofoten berühmt und berüchtigt. In dem 1562 von Bischof Olaus Magnus, in Rom erschienenen Buch *Historia de gentibus septentrionalibus,* Eine Beschreibung der Nordvölker, wird erstmals eine *Charybdis,* ein Meeresungeheuer, zwischen den Inseln Loffoeth und Rost in Nordnorwegen beschrieben, die Mostastroom genannt wird.

Die Charybdis war ein gestaltloses Meeresungeheuer aus der griechischen Mythologie, das in der Straße von Messina lebte. Sie sog dreimal am

Tag das Meerwasser ein, um es danach brüllend wieder auszustoßen. Schiffe, die in den Sog gerieten, waren verloren.»

«Sie wissen ja mehr über den Moskenstraumen, als ich!», Solveig lachte.

«Ich habe alles gelesen», erklärte Hartmut stolz, «Wirklich alles, was es über den Mahlstrom gab. Seitdem ich als Junge die Geschichte von Edgar Allan Poe gelesen habe, hat sie mich nicht mehr losgelassen. Hierher wollte ich immer schon. Fast kann man sagen, ein Lebensziel. Ich wollte, wie in seiner Geschichte, auch auf diesem sagenumwobenen Gipfel, dem Hellseggen sitzen und den Mahlstrom beobachten. Ich bin euch beiden so dankbar, dass ihr mich begleitet habt.»

Man hörte aus seinen Sätzen die Zufriedenheit heraus und dies beruhigte mich, nahm mir meine Angst vor diesem Berg. Er war endlich auf seinen Hellseggen.

Er legte seine warme Hand um meinen Hals, zog meinen Kopf zu sich und gab mir einen Kuss auf die Wange. «Meine Kleine, der Aufstieg hat sich doch gelohnt. Ich bin überglücklich, dass du so gut durchgehalten hast.»

Seine Hand packte mich im Nacken, er presste seinen Mund auf meine Lippen und küsste mich. Seine Zunge tanzte und spielte mit meiner Zunge. Mit einem Schmatzer löste er sich von mir und wandte seinen Kopf zu Solveig. Ich sah, wie er ihr auch einen Kuss auf die Wange gab.

«Meine liebe Solveig. Das hast du alles wunderbar organisiert. Du bist ein ganz tolles Mädchen. Ich danke dir. Ich bin so glücklich, euch beide in meinen Armen zu halten.» Und damit zog er uns an sich und drückte uns.

Bevor Solveig antworten konnte, küsste er sie auf den Mund. Der Kuss wurde immer heftiger. Ich staunte, wie intensiv und minutenlang sich die beiden küssten und wunderte mich über Solveig, die schier an seinem Mund klebte. Sein Kopf kam wieder zu mir, wollte auch mich wieder küssen. Ich gab mich ihm hin. Während seine Zunge in meinem Mund tobte, sah ich aus dem einen schielenden Auge, wie seine Hand streichelnd auf Solveigs Pullover lag. Solveig sagte gar nichts und rührte sich auch nicht. Zärtlich knetete er ihre Brust. Der Anblick erregte mich ungemein, dass ich meine Augen nicht schließen konnte.

Er verließ mich und küsste Solveig, die sich ihm jetzt auch ganz hingab. Er war in seinem Element. Seine Hand fuhr unter ihrem Pullover und ich erkannte an der Bewegung unter der Wolle, dass sie zart um die Spitze kreiste.

Er wandte sich zu mir und lächelte mich an. Ich sah förmlich die Dankbarkeit in seinen Augen.

«Komm, küss mich», sagte er leise zu mir.

Ich küsste ihn, lange und heftig. Dann wurde ich mutig, ließ seinen Mund los, streckte mich rüber zu Solveig und küsste sie. Sie erwiderte

meinen Kuss, steckte ihre Zunge tief in mich. Ihre Zunge schwang wild in meinem Mund hin und her. So wie wir uns gestern Abend geküsst hatten. Ich spürte, wie mein Blut in Wallung kam und heiß durch meinen ganzen Körper floss.

«Mein Gott, was für ein Mahlstrom!» Hartmut lächelte und drückte uns beide mit seinen kräftigen Armen eng an sich. «Ein richtiger Mahlstrom der Gefühle. Ihr habt mich verzaubert.»

Seine Hand fand ihren Weg unter meinem Pullover zu meinem Busen und strich mit dem Finger durch das Tal. Ergreifend nahm sie Besitz, um gleich danach mit der Fingerspitze zärtlich rund um meinen fühlbaren Nippel zu kreisen. Ich schaute unter seinem Kinn vorbei zu Solveig. Seine linke Hand vollführte das gleiche Spiel an Solveigs Busen.

Ich gönnte es ihm. Gestern Abend hatte er sich noch nicht so recht getraut. Dafür hatte ihn Solveigs Nähe so angestachelt, dass mir bei diesem Gedanken wieder ein erregter Schauer durch den Körper lief. Manchmal muss Frau halt die Initiative übernehmen. Ich hatte es nicht geplant, es war spontan gewesen - und für ihn überraschend. Wenn man sich verstand, war die Liebe zu Dritt wunderbar und mit Solveig verstand ich mich jetzt großartig. Ein erfüllender Dreier ist und bleibt Wenigen vorbehalten und Solveig war ein absoluter Glücksfall. Eine solche Beziehung darf aber nie Alltag werden, es muss etwas

Außergewöhnliches, Aufregendes bleiben. Ich hatte keine moralischen Bedenken mehr, war eben auch etwas offener und neugieriger als andere. Ich liebte meinen Mann und wir würden immer alles gemeinsam erleben. Ich war immer neugierig auf neue Erfahrungen. Jeder hat so seine Träume. Mit Solveig und Hartmut konnte ich meine Lust phantasievoll und lustig ausleben – und ich wollte noch mehr.

Ich musste innerlich lachen. Lustvoll lustige Lust. Es tat so gut.

Dafür darf Hartmut mit mir alles machen, alles was er will. Und heute Abend darf er auch mit Solveig schlafen.

«Was kicherst du?», schreckte er mich aus meinen Träumen. Ich strich über sein Kinn und seine Wange. Zog seinen Kopf zu mir und ließ mich küssen. Heute Abend wollte ich seine Küsse und die von Solveig – und nicht nur auf den Mund. Zu dritt einen Kreis bilden, wie ein Strudel und sich dann hineinziehen lassen. Zungen spüren und mit der Zunge spazieren gehen. Wellen aufsteigen fühlen und dann die überschlagende Brandung mit dem ganzen Körper genießen. Das wollte ich – mit beiden verwirbeln. Wie da unten, wie diese Wassermassen es vormachten. Ich spürte langsam, wie dieser Mahlstrom mich gefangen nahm und meine Gedanken erotisierten. Geheime Gedanken, aus dem tiefsten Innern. Die Musik der englischen Rockgruppe kam mir wieder in den Sinn. Ihr

Stück *A Dream within a Dream,* mit der rezitierten Gedichtzeile von Poe, das der gute Orson Welles mit seiner sonoren Stimme vorlas.

Ich wusste, wenn ich so weiter vor mich hin träumte, passiert noch etwas. Hier auf dem Gipfel könnte er mich haben – ich war voller Verlangen. Ich erklärte mich für verrückt.

Löste meine rechte Hand hinter seinem Rücken und klopfte ihm auf die Schulter. Er zog sich von meinem Mund zurück und schaute mich fragend an. Ich lächelte und gab ihm schnell einen dicken Schmatz auf die Wange, während meine Hand seine Hose öffnete, ihn heraus holte und mit meinen Lippen umschloss. Ich saugte und umfuhr mit meiner Zunge seine Eichel. Zuerst langsam und dann immer schneller werdend, melkte ich sein Glied. Mit lautem Stöhnen ergoss er sich in meinen Mund. Ich schluckte alles hinunter und säuberte mit meiner Zunge seinen Degen, danach küsste ich ihn minutenlang. Ich nahm mir vor, ihm am Abend zu sagen, was ich hier oben auf dem Berg gedacht hatte.

Moskenstraumen

In Gedanken war ich bei gestern Abend. «Eine verrückte Nacht, crasy, wir alle, aber schön», wie Solveig mir am Morgen zugeflüstert hatte. Ja, es war traumhaft gewesen. Ein Tagtraum war in Erfüllung gegangen.

«Crasy, wir alle.» Fast wäre ich gestolpert, als ich diesen Satz von Solveig vor mich hin murmelte.

«Hey, was machst du?», rief Solveig zurück, «Alles okay?»

«Alles okay!», erwiderte ich und lachte, «Habe nur an gestern Abend denken müssen.»

Der Abstieg vom Hellseggen war wirklich nicht leicht gewesen. Immer diese glitschigen glatten Stellen auf dem Pfad, der oft mehr ein Klettersteig war. Man musste höllisch aufpassen. Aber die stetig kreisenden Gedanken, wie ich Solveig kennen- und liebengelernt hatte, hatten den Abstieg vom Berg für mich vorübergehen lassen wie im Fluge.

Wir waren auf dem letzten flachen Hügel vor dem Meer angekommen und von Ferne konnte ich schon unten in der Bucht die Nostromo vor Anker liegen sehen. Ein romantisches Bild, das man erblickte. Die einsame, geschützte Bucht mit dem steinigen Strand, umrahmt von diesen schroffen Felswänden und in der Mitte, im klaren blauen Wasser, schwamm der so klein aussehende Kutter von Erik. Ich blieb stehen, genoss die Aussicht auf die Bucht und den dunklen Mahlstrom, der mir keine Angst mehr einflößte und schoss ein Foto.

Solveig wartete auf mich. Hartmut stürmte schon den Hügel hinunter zum Ufer, wo Erik, der uns hatte kommen sehen, mit dem Schlauchboot auf uns wartete.

Ich hakte mich bei Solveig ein. Wir konnten auf dem flachen Stück nebeneinander gehen.

«Warum lachst du, wenn du an gestern Abend denkst?», fragte sie mich.

«War doch lustig, oder? Und jetzt eben oben auf dem Gipfel doch auch, nicht wahr?»

«Du und dein Mann, ihr seid wirklich verrückt.

So etwas habe ich noch nie erlebt.»

«Macht doch Spaß? Magst du mich noch?»

«Ja, und wie!» Sie küsste mich auf die Wange. «Und was wird heute Abend sein?»

«Weiß nicht. Lassen wir uns überraschen. Ich werde dich küssen, wo immer du willst?»

«Ist das ein Versprechen?»

«Versprochen ist versprochen», rief ich freudig und lief den steinigen Strand entlang zum Boot.

Erik und Hartmut halfen uns ins Schlauchboot und im Nu waren wir an der *Nostromo* und kletterten an Bord. Erik band die Riemen vom Zodiac an die Davids, schwang sich hoch und ließ das Boot von den elektrischen Winschen hochziehen.

Nachdem wir den Anker gelichtet hatten, saßen wir im Salon und ich zog als Erstes meine Bergstiefel aus, tauschte sie gegen die leichten Turnschuhe - das tat richtig gut.

Kaum waren wir aus dem schützenden Felsen der Bucht hinaus auf der See, da neigte sich das Schiff wild von einer zur anderen Seite. Es war nicht mehr zum Aushalten unten im Salon. Solveig und ich hangelten uns die Stiege hoch zum Steuerhaus.

«Tja, meine Damen», begrüßte uns Erik, «Der Wind steht aus Süd-Ost, Stärke sechs. Wir bekommen ihn genau von der Seite. Ich hab schon ein Großsegel hochgezogen, das dämpft etwas. Aber die nächste Stunde wird es ein wenig ruppig.»

Erik hielt nicht Kurs direkt auf Å zurück. Ich bemerkte es. Wir verließen die Küste und vor uns in der Ferne schimmerten die dunklen Umrisse der Insel Mosken. Nach ein paar Minuten nahm Erik den Gashebel zurück und wir wurden langsamer. «Geht hinaus zum Bug. Da könnt ihr was erleben.»

Draußen empfing uns ein gischtdurchmischter strammer Wind. Hartmut hangelte sich abwechselnd zwischen der Reling und den Aufbauten nach vorne. Eng umschlungen, uns gegenseitig stützend, versuchten Solveig und ich zu folgen.

Hartmut postierte sich breitbeinig in die Spitze des Bugs. Wir beide hielten uns an Streben und Reling im Abstand fest. Ich konnte unseren Dieselmotor nicht hören, so laut fegte der Wind über uns. Ob Erik ihn abgestellt hat?, schoss es durch meinen Kopf.

Mein Mann zeigte auf das Meer seitlich vor uns. In den Wind hinein brüllte er zu uns: «Da! Seht! Die Fläche da. Da bildet sich ein Wirbel.»

Wir schauten in die Richtung, in die er zeigte. Das Meer sah anders aus. Auf einer Fläche von 20 oder 30 Metern war es spiegelglatt und an den Rändern schaukelten sich Wellenlinien auf.

Unser Kutter machte kaum noch Fahrt. Wir waren mitten in der glatten Fläche. Langsam, fast unmerklich begann sich das Schiff zu drehen. Ich kreischte. Solveig hielt mich ganz fest und beruhigte mich.

Mit der ganzen Kraft seiner gewaltigen Stimme schrie Hartmut in Richtung des Meeres: «Das ganze Meer bis Vareoy war in nicht zu bändigender Wut aufgepeitscht, aber am schlimmsten tobte es zwischen Moskoe und dem Hellseggen. Hier war die weite Wasserfläche in tausend einander bekämpfenden Strömungen zerfurcht, zerspalten und zerbarst in wahnsinnigen Zuckungen – sich bäumend, kochend und pfeifend – ein Wirbel unzähliger gigantischer Strudel[4].»

Aus dem kleinen Schornstein beim Steuerhaus kam dicker schwarzer Qualm. Erik hatte den Diesel angeworfen und der Kutter drehte nach Westen, Richtung offene See, dem Atlantik.

Ich wollte Hartmut fragen, warum, aber der Fahrtwind machte es unmöglich. Er gestikulierte mit den Armen und zeigt Richtung Steuerhaus. Solveig und ich tasteten uns den schmalen Gang an der Reling entlang zurück zu Erik.

Im Steuerhaus wollte ich meinen Anorak ausziehen, aber Erik, der vor dem Ruder stand und mit einer Hand sein Fernglas vor den Augen hält, rief: «Könnt ihr anlassen. Gleich wird es interessant. Ich glaube, ich habe etwas entdeckt.»

Erik fuhr Vollgas, so laut war der Diesel noch nie gewesen. Hartmut brüllte gegen den Lärm: «Was ist denn los?»

Das Fernglas nicht absetzend zeigte Erik in

4 *aus: Sturz in den Mahlstrom, Edgar Allan Poe*

Richtung Atlantik. «Da bläst er! Seht Ihr es?» Ich sah nichts als dunkelgraues Wasser und weiße Gicht, die über den Bug spritzte, wenn der Kutter eine Welle durchschnitt.

Hartmut schaute auch durch ein Fernglas. «Ein Wal! Direkt voraus!», schrie er plötzlich. Geistesgegenwärtig kletterte ich die Stufen hinunter in den Salon und holte meinen Fotoapparat.

Als ich wieder hoch kam, waren Hartmut und Solveig schon auf dem Weg zum Bug.

«Warten Sie», sagte Erik zu mir, «Gleich sind wir da, dann schalte ich den Diesel ab. Die beiden da vorne werden jetzt nur klatschnass.»

Nach zehn Minuten war es soweit. Erik kam mit mir zum Bug. Zu sehen war gar nichts. Der Kutter machte keine Fahrt mehr, aber dafür schaukelte er um so wilder. Wir warteten alle gebannt.

Plötzlich erhob sich keine 200 Meter von uns entfernt, eine große schwarze Masse aus dem Meer und wie aus einem Springbrunnen schoss ein Wasserstrahl aus dem Rücken eines Wales ein paar Meter hoch. Ich riss meinen Fotoapparat hoch. Es dauerte schier unendlich, bis sich das Ding einschaltete. Ich knipste wild drauf los. Der große schwarze Rücken tauchte plötzlich weg, eine riesig Schwanzflosse erschien, stand für einen Moment steil in der Luft und schoss anschließend abrupt ins Wasser. Danach war das Meer wieder so, als wäre nichts gewesen.

«Der ist weg. Der kommt nicht mehr hoch», rief Erik, «der hat vier oder fünfmal geblasen und jetzt taucht er runter zum Jagen.»

Auf der Rückfahrt nach Å erzählte Erik im Steuerhaus: «Das war ein Pottwal. Vielleicht 12 oder 14 Meter. Bestimmt. Die Fluke war ganz typisch. Das ist die Schwanzflosse. Sie war in der Mitte etwas eingekerbt. Daran erkennt man sie. Wenn der jetzt unten ist, kann er bis zu einer Stunde tauchen. Sogar länger. Die tauchen bis 1000 Meter tief.»

Ich war total überwältigt und tief beeindruckt. Zwei Fotos waren etwas geworden, wie ich auf dem kleinen Display erkennen konnte. Ich war zufrieden und vergaß die üble Schaukelei.

Erik

Wir überstanden die knapp zwei Stunden dauernde Rückfahrt und waren alle froh, als wir in den schützenden Hafen von Å einlaufen konnten. Mein Mann hatte Erik mit zum Abendessen ins Restaurant Brygga eingeladen und da es direkt an der Mole auf dem Weg zu unserem Rorbuer lag, kehrten wir gerade einfach so, mit unseren Rucksäcken in der Hand, ein. Der Wirt begrüßte uns freundlich mit Handschlag und verstaute unser Gepäck. Es hatte sich herum gesprochen, wer wir sind und was wir vorgehabt haben. Erik erzählte ihm, dass wir auf dem Hellseggen waren und einen Wal gesehen hatten und er beglückwünschte uns.

Wir hatten alle einen Bärenhunger, bestellten, wurden angenehm freundlich und zuvorkommend bedient und hatten schnell unser Essen auf den Tisch.

Erik wandte sich an Solveig und mich: «Na, heute vom Hellseggen dem Grauen ins Auge geschaut?»

«Ach», sagte ich, «So schlimm sah das von oben auf dem Berg gar nicht aus. Auf dem Kutter, als wir in dem Strudel waren, da hatte ich Angst. Ich meine, ich wusste ja, dass da nicht so ein Riesenstrudel ist, wie Edgar Allan Poe ihn beschrieben hat, hatte es also auch nicht erwartet. Aber so richtige Strudel mit tiefem Loch haben wir nicht gesehen. Gott sei Dank.»

«Ja, das stimmt», antwortete Erik, «aber genau das ist das Gefährliche. Man sieht die Strudel und die Strömung nicht. Erst letztes Jahr ist hier eine von diesen Plastik-Segelyachten an den Klippen zerschellt, weil denen ihr kleiner Motor es nicht schaffte. So ein Wetter wie heute, wenn der Wind und die Brandung auf die Küste steht und ihr habt doch selbst heute die haushohen Brecher mit der weißen Gischt gesehen, die auf die Felsen trafen, dann haben so kleine Boote unter Segel keine Chance den Felsen zu entkommen.»

«Und du hast gesagt, mit Eriks Kutter sind wir

vollkommen sicher!» Ich blickte vorwurfsvoll zu Hartmut.

Aber Erik warf sofort ein: «Meine *Nostromo* ist stark genug. Aber du hast insofern Recht, wenn die Maschine ausfällt, dann wird es ernst. Edgar Allan Poe hat übertrieben, als er den alles verschluckenden Riesenwirbel beschrieb. Die vielen Opfer des Mahlstroms sind aber heute noch Warnung. Es ist und bleibt gefährlich hier vor den Lofoten. Aufgrund der Strömungen und vor allem der häufigen Stürme hier, war die Fischerei immer sehr gefährlich. Schätzungen gehen davon aus, dass ein Drittel der Fischer auf See starb, an einzelnen Sturmtagen, wie dem tödlichen Montag 1821 ertranken mehrere hundert Fischer innerhalb weniger Stunden. Wahrscheinlich tausende Fischer starben hier im Mahlstrom die letzten Jahrhunderte. Auch Nils Johansen. Sein Urenkel Oddleif Nilsen, selbst Fischer hier, hat die dramatische Geschichte vor Jahren erzählt. Es war an einem Dezembertag im Jahr 1920. Sein Urgroßvater segelte durch diesen Kanal - genau unterm Hellsegga. Damals hatten die Fischerboote alle noch keine Motoren. An der Öffnung des Kanals passierte das Unglück. Sie trafen auf einen rechtsdrehenden Stromwirbel und das Boot kenterte. Es kippte in den Strudel und der zog es in den Mahlstrom. Zwei Mann konnten sich retten, erzählte Oddleif, aber sein Urgroßvater wurde auf den Boden des Meeres gezogen. Bei schlechtem

Wetter meidet er auch heute das Gebiet, denn er hat Respekt vor der starken Strömung und den Wirbeln. Heute - an einem eher ruhigen Tag – kann man nach den Strudeln suchen, heute sind die Wirbel für unsere Motorboote eher harmlos.»

«Dann ist es ja doch gefährlich hier!», stellte ich fest.

«Ja, ist es. Kjell Lund, ein Fischer von hier», fuhr Erik fort, «hat erzählt, dass da vor ein paar Jahren zwei Schweden zum Angeln waren, die von der Strömung überwältigt wurden. Ihr kleines Boot drehte sich im Kreis. Aber er hatte es gesehen und konnte sie mit seinem Fischkutter retten. Nur das Boot wurde runtergezogen und kam viel weiter stromabwärts im Westfjord wieder hoch. Vom Strudel gepackt. Die Strudel sind also da.

Der norwegische Strömungstaucher Ronny Frimann hat das getestet. Er wurde im Moskenstraumen von einem Strudel gepackt. Die schlimmste Achterbahnfahrt seines Lebens, erzählte er im Fernsehen. Erst sei er gegen eine Art blubbernde Wasserwand geprallt, dann habe es ihn rasend schnell immer wieder um die eigene Achse drehend nach unten gezogen, immer wieder. Er sagte, das Wasser bringt einen sofort wieder nach oben, und es geht verdammt schnell. Wenn man oben ist, wird man aber direkt wieder ins Innere des Strudels hineingezogen, da hat man keine Kontrolle mehr. Der Strudel zieht einen ungefähr zehn, fünfzehn Meter runter, lässt einen da wieder frei, und die Strömung bringt einen wieder nach oben. Das passiert so drei, viermal, bis der Strudel endlich kollabiert.»

«Und dann willst du unbedingt morgen mit Erik über den Mahlstrom fahren?», fragte ich meinen Hartmut trotzig.

«Hast doch gehört», erwiderte er, «mit der Nostromo passiert nichts, die ist das stärkste Schiff hier in Å.»

Erik räusperte sich. «Ich muss allerdings sagen, dass morgen die See ruppig sein wird, mehr als heute. Eher noch stärker. Der Wind ist rechtsdrehend und wird südlicher. Aber es bleibt schön. Wenn Sie also morgen zu den Inseln Mosken und Vaeroey wollen, dann sollten Sie sich darauf einstellen.»

«Natürlich fahren wir morgen, wir sind doch seefest.» Hartmut war zu allem entschlossen.

«Wie lange brauchen wir denn zu den Inseln?», fragte ich Erik vorsichtig.

«Nach Moskoe etwa zwei Stunden und nach Vaeroey nochmals zwei.»

«Und zurück dann nochmal vier Stunden», rief ich entsetzt aus, «das halte ich nicht aus.»

Da ich neben meinem lieben Gatten saß, lege ich meine Hand in seinen Nacken und begann ihn zu kraulen: «Liebling, willst du nicht lieber alleine fahren? Ich weiß, du magst Sturm – je mehr, desto besser. Aber ich weiß nicht. Ich glaube, ich halte das nicht durch. Fahr du allein mit Erik, ich werde nicht traurig sein. Wirklich.»

«Aber wenn wir zum Kap Lofotodden fahren, dann seid ihr wieder dabei, oder?»

«Ja, mein Schatz, wenn das Wetter gut ist.»

Mir schoss blitzartig eine Idee durch den Kopf. Eine Gelegenheit bahnte sich an. Eine Gelegenheit, einen Tag allein mit Solveig zu verbringen.

«Und morgen willst du wirklich nicht mit?», fragte er mich nachfühlend, «Was wollt ihr denn hier allein machen?»

«Ach, da werden wir keine Probleme haben, nicht wahr, Solveig?», rief ich fast fröhlich aus, «Wir gehen hier ins Fischereimuseum und vielleicht in das Museum in Reine. Wir haben den Wagen.»

«Ja. Okay. Abgemacht. Erik, wir zwei fahren morgen allein!» Hartmuts Euphorie war etwas gedämpft, aber ihn zog es aufs Meer. Er war ein ganzer Mann und das mochte ich an ihm.

«Du bist doch nicht traurig, dass wir dich nicht begleiten, oder?», und kraulte weiter seinen Nacken.

«Ach, ihr beiden wollt mich doch nur loswerden», erwiderte er und zwinkerte mich an.

Ob er ahnte, was ich dachte, fragte ich mich. Er ist ein Fuchs. Er wusste es ganz genau. Aber er ist auch unendlich großzügig, in allem. Ich flüsterte ihm ein ganz leises «Danke», ins Ohr, «Ich werde auch gleich ganz lieb sein.»

Er zog die Augenbraue hoch und sah mich an. Dann lächelte er verschmitzt und rief zur Bedienung. «Zahlen bitte.»

O, dass jeder Kuss eine Woche lang
währen und jede Umarmung einen
Monat dauern möge – und unsere
Liebe immer und ewiglich erstrahle!

Edgar Allan Poe, 1846

E. A. Poe

Wir waren wieder zurück in unserem Rorbuer Häuschen. Das Essen und die Unterhaltung mit Erik waren ein schönes und informatives Erlebnis gewesen.

Nachdem wir unser Gepäck verstaut und uns umgezogen hatte, machten Solveig und ich es uns auf dem Sofa vor dem Kaminofen gemütlich. Hartmut versuchte mehrmals vergeblich mit den viel zu großen Holzscheiten, das Feuer anzuzünden. Endlich gelang es ihm. Er stellte sich seine Flasche Cognac und sein Glas auf einen kleinen Beistelltisch, den er sich neben seine Sofalehne herangezogen hatte.

«Sag′ mal, Liebling, Du hast im Restaurant gestern so eine Bemerkung über Edgar Allan Poe′s Lebenswandel gemacht. Erzählst du ein bisschen genauer, was er so getrieben hat? Hat er was mit Frauen gehabt?»

«Und ob er was mit Frauen gehabt hatte», lachte mein Mann laut auf, «Er war kein Kostverächter. Ich erzähl euch etwas, einen Cognac lang. Wenn mein Glas leer ist, will ich ins Bett. Ich muss morgen früh raus. Hab mich schließlich mit Erik wieder auf sechs Uhr verabredet.»

«Also», er räusperte sich, während ich mich eng an ihn und Solveig sich an mich kuschelte, «Edgar Allan Poe wurde 1809 in Boston, Massachusetts, geboren. 1811 starb seine Mutter Elizabeth, nach längerer Leidenszeit an Tuberkulose. Sein Vater David hatte die Familie bereits 1810 verlassen und war spurlos verschwunden. Poe wurde darauf von der Familie Allan adoptiert. Allan ist nicht ein Vorname, sondern Teil seines Nachnamens. Im Alter von sechs Jahren zog sein Stiefvater mit der Familie vorübergehend nach Schottland und London. 1820 wieder zurück nach New York. Es ist möglich, dass Poe während der Zeit in Schottland schon vom Mahlstrom gehört hat, aus Geschichten, die dortige Fischer am Abend erzählt haben. Im Alter von siebzehn Jahren besuchte Poe die Universität von Virginia in Charlottesville. Bereits ein halbes Jahr später brach er sein Studium wieder ab; mittlerweile hatte er auch seinen ersten Gedichtband veröffentlicht. 1832 hatte Poe, vierundzwanzig jährig, eine Affäre mit einer siebzehnjährigen Nachbarstochter namens Mary Devereaux.»

«Na, jetzt wird es endlich interessant.» Schmunzelnd ergriff ich mein Glas Wein.

Hartmut ließ sich nicht aus dem Konzept bringen: «Dem Vernehmen nach, ist diese Verbindung nach Entdeckung durch die Eltern des Mädchens beendet worden. Poe hatte ihr Nachhilfeunterricht gegeben und die Eltern waren durch die Lustschreie der Kleinen darauf aufmerksam geworden, was in dem Studierzimmer passierte und hatten die beiden in Flagranti ertappt.

Da Poe bettelarm war und keinerlei Geld hatte, zog er im selben Jahr zu seiner Tante Maria Clemm, die ein Haus im Stadtteil West Baltimore hatte und ihn freudig aufnahm und ihn fortan unterstützte. Sie war 31 Jahre alt, soll sehr attraktiv gewesen sein und hatte eine neunjährige Tochter mit ihrem verstorbenen Mann. Poe war da schon als Autor bekannt, etliche Geschichten von ihm waren auch schon in Europa übersetzt worden, aber von den spärlichen Tantiemen konnte er nicht leben. Seine Tante muss sich in seiner Gesellschaft aber sehr wohlgefühlt haben und sie nahmen auch gemeinsam an gesellschaftlichen Anlässen teil. Tatsache ist, dass sie von Anfang an das Bett teilten und eine eheähnliche Gemeinschaft führten.»

«Aha!» Ich legte Empörung in meine Stimme, aber ich war neugierig, wie es weiterging. «Eine Tante kommt ins Spiel!»

«Warte es ab, es kommt noch besser», erwiderte Hartmut, «So lebten sie mehr als vier Jahre zusammen und die Tochter seiner Tante, seine reguläre Cousine, mit dem Namen Virginia, wurde dreizehn Jahre alt. Aus Poe's Sympathie für seine Cousine entwickelte sich mit der Zeit auch eine Liebe. Jedenfalls im Mai 1836, ob ihr es glaubt oder nicht, heiratete Poe seine Cousine Virginia, in einer aus guten Gründen weitgehend geheim gehaltenen Zeremonie, denn darüber finden die Biographen keinerlei Information. Lediglich die offiziellen Heiratsurkunden sagen aus, das Poe

Virginia am 16. Mai 1836 heiratete. Um Komplikationen zu vermeiden, gab Virginia ihr Alter mit 21 an, wie nachzulesen ist, wobei sie in Wirklichkeit aber nur dreizehn Jahre alt war.»

Solveig stieß tief die Luft aus und ich sagte auch nicht mehr, als ein «Oh, Oh.»

«Man weiß auch nicht», fuhr Hartmut fort, «wann genau diese Verbindung entstand oder gar, wann es zu ersten Intimitäten kam. Man weiß auch nicht, in wieweit seine Tante daran beteiligt war. Sicher scheint zu sein, dass sie von seinen Gefühlen für Virginia wusste und ihn dabei unterstützte. Man weiß sehr wenig über Poe's Eheleben, er selbst hat nie etwas darüber verlauten lassen. Aber Nachbarn aus der Zeit wollten wissen, dass Poe mit seiner jungen Ehefrau und seiner Tante gemeinsam das Schlafzimmer teilte. Dies können alles Gerüchte sein, denn seine Tante betrieb in ihrem Haus eine kleine Pension, mit natürlich vielen wechselnden Gästen. Virginias körperliche Reize spielten eine Rolle für Edgar Allan Poe. Im selben Jahr gab er eine Erzählung heraus, mit dem Titel Berenice. Darin beschreibt Poe eine intensive Beziehung. Es lassen sich wie bei allen Poe Werken, einige Parallelen zu seiner Person ziehen. Alle Zeitzeugen sagen jedoch einstimmig aus, dass es trotz des Altersunterschiedes, eine sehr glückliche Ehe gewesen sei.»

«Mann-Oh-Mann. Ist das eine Geschichte!»,

sagte Solveig, «Da hätte er heute aber sicherlich Probleme bekommen.»

«Aber halt!», rief Hartmut, «bevor ihr jetzt aufstöhnt, solltet ihr auch die Umstände und die damalige Zeit berücksichtigen. Eine so frühe Heirat war nicht ungewöhnlich und ganz normal. Damals, zu der Zeit, gab es in den USA keine Geburtsurkunden, sodass alle, auch die Ämter und Kirchengemeinden auf die Altersangaben der Person angewiesen waren. Wisst ihr, die Zeit war damals wirklich schlimm. Die medizinische Versorgung an der Ostküste war selbst verglichen mit der damaligen in Europa mehr als schlecht und die Menschen starben sehr, sehr früh. Da eine schnelle Wiederverheiratung des verbliebenen Elternteils für den Erhalt der Familie wichtig war, kam es weitaus mehr, als heute üblich, dazu, dass Stiefkinder oder Mündel in eine Familie kamen. Poe selbst kam ja auch als zwölfjähriger Vollwaise in eine neue Familie. Und genauso oft geschah es dann, dass beim Ableben der Ehefrau, der Mann eine seiner Stieftöchter oder Mündel heiratete. Es gibt da sogar etliche bekannte Persönlichkeiten der Zeitgeschichte, die so heirateten.

Virginias früher Tod, elf Jahre später 1847, im Alter von 24 Jahren, betrübte den Dichter jedoch tief. Der frühe Tod seiner jungen Frau hatte Poe in tiefe Depressionen fallen lassen. Auch fühlte er sich schuldig, da er während ihrer Krankheit ein Verhältnis mit der Dichterin Frances Osgood begonnen hatte. In dieser Zeit der Trauer entstand seine schöne, aber schwermütige Kurzgeschichte Eleonora. Darin beschreibt Poe – in der Ich-Form – und sehr poetisch eine große Liebe zu einer 15-jährigen Eleonora, mit der er in einem einsamen Tal lebt, eine Liebe, die abrupt durch den Tod der Geliebten endet. Der französische Dichter Baudelaire, der etliche Werke Poe's um 1850 übersetzt hatte, hat in seiner Biographie über Poe vermutet, dass er sich in dieser Geschichte mit der Frage der Treue zu seiner schwer kranken Ehefrau auseinandersetzte.»

Hartmut setzte sein Cognacglas ab und langte neben sich zu dem Stapel Unterlagen auf dem Beistelltisch. Er fischte ein kleines Büchlein heraus und blätterte.

«Hier, nur ein paar Sätze aus Eleonora. Poe schrieb:

Es war an einem Abend in Eleonoras fünfzehnten und meinem zwanzigsten Lebensjahre, da saßen wir, einander eng umschlungen haltend, unter den Schlangenbäumen und blickten hinab in den Fluss des Schweigens und auf unser Bild, das sich in seinen Wassern spiegelte. Wir hatten in den Wassern Gottes den Eros gefunden und hatten ihn in uns aufgenommen, und wir fühlten nun, dass er die feurigen Seelen unserer Vorfahren in uns entzündet hatte. Alle Leidenschaftlichkeit und blühende Phantasie, ergriffen unsere Herzen wie ein Rausch und hauchten in das Tal des vielfarbigen Grases eine wahnsinnige Seligkeit. Und eines Tages sprach sie unter Tränen von jener letzten traurigen Veränderung, der alle Menschen unterworfen sind.[5]

«Mein Gott, wie poetisch. Dass der Eros die feurigen Seelen unserer Vorfahren in uns entzündet hat», seufzte ich. «Eine wunderschöne Umschreibung, dass er mit ihr geschlafen hat, nicht wahr?»

«Ja, ich denke auch, dass er dies gemeint hat. Poe konnte wahnsinnig ausdrucksvoll schreiben. Es ist vielleicht eine der schönsten literarischen Beschreibungen des Aktes. Wahrscheinlich war er wirklich ein wenig wahnsinnig, wie er sich selbst ja auch beschreibt. Genauso, wie er mit gruseligen, aufwühlenden Worten den Mahlstrom schildert, konnte er gleichzeitig mit zarten und ergreifenden Sätzen eine Liebe schildern.

Ab 1848 reihten sich mehrere Geliebte aneinander, die ihn aufnahmen und aushielten, Nancy Richmond, Sarah Helen Whitman, Sarah Elmira Royster. Sie sagten aus, dass er zeitweise ein mehr als angenehmer Gesellschafter und stürmischer Liebhaber sein konnte, andererseits aber vollkommen unzuverlässig und sicher Alkohol abhängig war. Am 7. Oktober 1849 starb Poe in einem Hospital in Baltimore, nachdem er hilflos auf der Straße aufgefunden worden und zuvor bereits bewusstlos geworden war.

Was Poe nicht erahnen konnte, war, dass sein Leben, also die Heirat mit seiner Virginia, 100 Jahre

5 aus: Eleonora. Edgar Allan Poe

später, Vorlage zu einem der berühmtesten und Skandal-trächtigsten Romane der Weltliteratur wurde. Nämlich Vladimir Nabokov's Lolita.»

«Das Buch haben wir zu Hause im Schrank stehen», warf ich ein.

«Ja, natürlich. Es ist frei im Buchhandel erhältlich.»

«Aber gelesen habe ich es noch nicht. Es ist so dick. Hast du von dem Buch gehört, Solveig?»

«Nein, das Buch kenne ich nicht», antwortete Solveig, «Ich weiß wohl, welche Rolle der Name Lolita spielt.»

«Ja, das ist ganz interessant», erzählte Hartmut weiter, «Der Name Lolita, eigentlich ein gängiger Mädchenname, ist durch dieses Buch in den letzten Jahrzehnten zu einem sogenannten Gattungsbegriff geworden. Der Roman ist 1955 erschienen und hatte einen Sturm der Entrüstung ausgelöst. Wegen des, besonders in den prüden 1950er Jahren heiklen Themas, fand Nabokov anfänglich keinen amerikanischen Verleger für seinen Roman. Die erste Ausgabe von Lolita erschien deshalb bei dem Verlag Olympia Press in Paris, der sich auf erotische Literatur spezialisiert hatte. In der Folge wurde der Roman schnell zum Bestseller und machte Nabokov, der zuvor nur wenigen Insidern bekannt gewesen war, zu einem berühmten Autor.»

«Beschreibt Nabokov das Leben Edgar Allan Poe's?», fragte ich.

«Nein, nicht direkt. Die Ähnlichkeit mit dem Lebensabschnitt von Edgar Allan Poe ist unübersehbar, wenn man die Biographie von Poe kennt.

Der Roman wurde ein riesiger Erfolg. Was damals als Skandal galt, zählt heute zur Weltliteratur. Das Buch wurde sogar von Stanley Kubrik verfilmt. Inspiriert wurde Nabokov zweifelsfrei durch das Leben Edgar Allan Poe's, was er selbst auch zugab. In seinem Roman findet man nämlich zahlreiche literarische Zitate, Halbzitate und Anspielungen. Die beiden wichtigsten Referenzen, die er angibt, sind dabei eine Reihe von Werken Edgar Allan Poe's, das Gedicht Annabel Lee, der Roman Die Abenteuer des Arthur Gordon Pym und die Geschichten Berenic und Eleonore.»

Hartmut leerte sein Glas, erhob sich, gähnte und streckte sich: «So, jetzt habe ich genug erzählt. Wer von euch will zuerst ins Bad? Ich räume hier auf und lösche das Feuer.»

Solveig meldete sich als erste und verschwand im Schlafzimmer.

Ich kniete mich neben meinen Gatten, der den Kamin säuberte und flüsterte ihm ins Ohr: «Bin ich deine kleine Lolita?»

Ohne aufzuschauen, brummte er: «Du bist doch viel zu alt.»

«Och, jetzt bin ich aber beleidigt. Zu alt!? Magst du mich nicht mehr?»

Er legte den Handbesen weg, nahm mich in die

Arme und drückte mich ganz fest. «Meine Kleine, natürlich mag ich dich. Ich liebe dich. War doch nur ein Scherz. Magst du mich denn noch, oder», und er hob seine Stimme fragend vorwurfsvoll an, «oder schwärmst du jetzt nur noch für Solveig?»

«Nein. Sie ist lustig, locker. Ich mag sie halt, aber mehr nicht. Das weißt du. Morgen bist du doch bei deiner über alles Geliebten, der See. Amüsiere dich. Ich gönne es dir. Ich liebe dich. Ich kümmere mich morgen um Solveig.»

«Kümmern ist gut. Das wird doch sicher mehr als kümmern, oder?»

«Ach, du weißt doch. Ein Küsschen in Ehren, darf man nicht verwehren. Ich hab es dir heute Mittag auf dem Berg auch nicht verwehrt.»

Er lachte: «Ihr habt mich da oben auch richtig heiß gemacht.»

«Mir ist es nicht anders ergangen. Es war wunderschön.»

Solveig rief, dass das Bad frei sei. Ich küsste ihn schnell und flüsterte ihm noch zu: «Kommst du gleich zu mir?»

Er schaute mich erstaunt an, «Und Solveig?»

«Lass sie bei uns bleiben. Das magst du doch, oder?»

Er schüttelte ungläubig den Kopf, schmunzelte, gab mir einen Klaps auf den Po und sagte: «Los ab, das Bad ist frei.»

Solveig hatte sich abgetrocknet. Als sie sich ein T-Shirt für die Nacht anzog, nahm ich sie bei der Hand: «Bleib bei uns. Das Hemd brauchst du nicht. Ich wärme dich die Nacht.»

«Meinst du wirklich. Das ist verrückt», antwortete sie, aber sie ging dann ohne weiteren Widerspruch zu Bett und legte sich unter die Decke.

Ich duschte schnell und hüpfte als Nackedei zu Solveig unter die Decke. Wir umarmten und küssten uns. Ich konnte nicht anders und legte meine Hand auf ihre Brust, um sie zu streicheln. Unsere Schenkel zwangen sich ineinander, ich spürte, wie mich die Erregung erfasste – und ich wusste, es würde aufregend.

Als Hartmut im Bad war, nahm ich das Buch, dass ich schon gestern auf den Nachttisch gelegt hatte zur Hand. «Ich muss dir etwas vorlesen. Es ist ein Gedicht von Edgar Allan Poe. Es ist mein Lieblingsgedicht.»

Ich schlug das Buch auf und las:

«Ein Traum in einem Traum

Auf deine Stirn dir diesen Kuss
und da ich leider gehen muss,
erfährst du nun zum Schluss:
Wie wahrhaft deine Klage,
welch Traum war'n meine Tage.
Wenn alle Hoffnung fliehen mag
in dunkler Nacht und auch bei Tag
in starkem Glauben oder Kleinem,
kann es deshalb minder scheinen?

Alles was wir scheinen oder schaun,
ist nur der Traum in einem Traum.

Brüllende Brandung, fest am Rand,
steh ich am gischtgepeitschtem Strand
und ich halt in meiner Hand
Körner schwer aus goldnem Sand -
ein paar nur, doch sie rieseln
durch die Finger wie ein Fließen,
und meine Tränen schießen!
Ich kann sie doch nicht halten;
müsst die Finger fester falten?
O Gott! Wie kann ich Körner retten
vor gnadenlosen Wellenketten?
Ist, was wir scheinen oder schaun,
doch nur ein Traum in einem Traum?»

Solveig hatte sich eng an mich gekuschelt. «Traumhaft», flüsterte sie.

«Ja, das finde ich auch. Es ist bestimmt sein schönstes Gedicht. Und es passt sogar zu dieser Gegend hier. Möchtest du das Buch haben? Ich schenke es dir.»

Überglücklich umarmte mich Solveig. «Danke, Ute. Es ist wunderschön. Ich werde es bis zum Südpol mitnehmen.»

Hartmut kam, nur ein Handtuch vor seinen Bauch haltend, zu uns ins Schlafzimmer. Er stellte eine Kerze auf seinen Nachtisch, entzündete sie und löschte das helle Deckenlicht. Er kroch unter seine Decke und rutschte rüber zu mir, in die Mitte des Doppelbettes. Seine Hand streifte über meine Brust, meine Schenkel, wanderten hinüber zu Solveig, die auf der anderen Seite neben mir lag und knetete ihre Brüste.

Im Nu waren wir ein schnäbelndes, küssendes Knäuel. Meine Hände wanderten abwechselnd über Solveig und zu meinem Mann. Ich spürte Solveigs zartes erregendes Streicheln und Hartmuts raues, aber liebevolles Grapschen - und endlich Solveigs Zunge, die schier endlos meine Sinne streichelte. Schließlich zog Hartmut mich zu sich und ich empfing seine Stärke.

Ich war in einem nicht enden wollenden Wirbel der Gefühle gefangen. Die brandenden Energiewellen schlugen überschäumend über mir zusammen, immer wieder, Welle für Welle, unentrinnbar und entrissen mich schließlich in ein helles und gleißendes Licht der Entspannung.

Hartmut verließ mich, zog Solveig's Knie auseinander und hockt sich zwischen ihre Schenkel. Solveig schaute mich mit ihren weit aufgerissenen Augen an, als sie aufstöhnte. Ich streichelte ihre Brüste und küsste sie. Ich erkannte die Lust und das Verlangen in ihren Augen, die sie ab und zu schloss, um sie dann wieder aufzureißen und ihren Kopf wild hin und her zu werfen. Diese Geräusche und das Geschehen vor Augen, ließ mich an den Hellseggen denken. An die Brandung, unten am

Ufer. Die Wellen, die gleichmäßig, fast rhythmisch auf die glatten Felswände schlugen und dann die Gischt meterhoch empor spritzen ließ. Ich hörte Solveigs spitze Schreie und Hartmuts lauter werdendes Atmen.

Minutenlang lagen wir drei eng aneinander geschlungen und stumm zusammen. Unsere Hände bewegten sich über alle Körper, ziellos, aber behutsam und zärtlich. Die wohltuende Erschöpfung hatte uns erfasst.

Ich rollte mich aus dem Bett, ging hinüber auf die andere Seite und löschte die Kerze, um schnell wieder zu Solveig unter die Decke zu krabbeln.

Von Hartmut hörte ich ein grunzendes Aufstöhnen. Ich drehte mich herum und staunte. Ganz langsam wandte ich mich wieder zu Solveig, flüsterte in ihr Ohr: «Er schläft! Wir haben ihn geschafft.» Wir beide kicherten.

Unsere Gesichter lagen nah beieinander. Trotz des dicken Vorhangs vor dem Fenster kam genügend Licht von der Mitternachtssonne durch. Wir konnten uns in die Augen sehen und küssten uns.

«Hat es dich nicht gestört, dass er zu mir gekommen ist?», fragte Solveig leise.

«Nein. Im Gegenteil. Ich wollte es – und du doch auch. Aber Morgen. Morgen haben wir ganz viel Zeit für uns», flüsterte ich ihr ins Ohr, «Morgen werde ich dich lieben. Ich werde dich in den siebten Himmel lieben und du musst mich lieben. Du musst mich morgen früh, wenn Hartmut weg ist, lieben - nach dem Frühstück, nach dem Museum und noch mal am Nachmittag. Morgen will ich von dir in einem Mahlstrom der Lust geliebt werden und ich lasse mich mit dir in die tiefsten Strudel hineinziehen.»

Vollkommen zufrieden mit mir selbst und meinen Gefühlen, lag ich noch lange wach und ließ diesen Tag Revue passieren. Hatte ich das wirklich alles erlebt - oder war es nur ein Traum?

Ich dachte an Poe's wunderschönes Gedicht: Is*t alles, was wir scheinen oder schaun, - nichts als ein Traum in einem Traum?*

und schlief ein.

Zärtliches Geflüster

Der Wecker klingelte und Hartmut sprang aus dem Bett. Er deckte uns liebevoll zu und flüsterte: «Schlaft weiter, meine Engel! Heute Abend sehen wir uns wieder!» Und damit schlich er aus dem Zimmer.

Ich kuschelte mich eng an Solveig und schlief wieder ein.

Liebevolle Hände kreisten über meinen Rücken, als ich die Hüllen des Schlafes von mir abwarf. Oh, war das schön, es kribbelte und vibrierte in mir. Ich ließ Solveig gewähren, wohlig räkelte ich mich und schnurrte, wie ein Kätzchen.

«Magst du mehr?»

«Oh, ja», murmelte ich und glitt mit meiner Zunge über ihr Ohrläppchen.

Sie kicherte: «Das kitzelt!»

«Soll es auch!» Und ich tanzte mit meiner Zunge Samba in ihrem Ohr.

«Möchtest du zuerst Frühstück oder einen Orgasmus?», fragte ich sie schelmisch.

Sie sprang aus dem Bett und deckte mich bis zum Hals zu, küsste mich auf den Mund: «Du bleibst hier liegen und ich mache uns Frühstück und dann frühstücken wir gemütlich im Bett!»

Ich wollte etwas erwidern, aber sie flüsterte: «Bleib hier liegen und warte auf mich!»

Murrend ließ ich sie gehen und dämmerte noch einmal ein wenig ein. Ich freute mich auf diesen Tag und vor allen Dingen freute ich mich auf Solveigs Körper, ihre zarten Hände und ihre zuckersüße Zunge.

Romantische Musik erklang und Solveig öffnete die Tür. Sie trug ein großes Tablett und stellte es aufs Bett.

«Wouw, das sieht aber köstlich aus. Sogar Eier hast du gekocht!»

«Ja, genau, innen weich und außen fest.»

Sie setzte sich ans Kopfende, grinste mich an und stopfte sich das Kopfkissen in den Rücken. Ich machte es ihr nach. Wir saßen nebeneinander und küssten uns wieder.

«Jetzt aber erst mal Frühstück!», befahl Solveig.

Ich lächelte sie an und wir stellten das Tablett auf unseren Oberschenkeln ab.

Der Kaffee roch köstlich und der Toast duftete verführerisch. Es schmeckte vorzüglich und wir fütterten uns gegenseitig mit Ei und Toast. Wir lachten viel und neckten uns gegenseitig.

«Stell das Tablett weg, ich hab jetzt Hunger auf dich!» Solveig stupste mich an. Ich nahm das Tablett und setzte es auf dem Boden ab. Darauf hatte sie wohl gewartet, denn ich spürte ihre Hände auf meinen Pobacken.

«Bleib so!» Sie massierte meinen Po und durch ihre Bewegungen bekam sie ein immer größeres

Spielfeld, das sich über meine Oberschenkel ausbreitete. Sie umfasste mit beiden Händen mein Becken und zog mich zu sich heran, sodass ich jetzt vor ihr kniete.

«Du hast eine wunderschöne Blume, wie eine Rose, die gerade erblüht.»

Ich spürte ihre Zunge an meinem Poloch und keuchte vor Erregung. Ihre Zunge glitt sanft hinein, um dann über den Damm zu meiner Yoni zu gelangen. Meine Erregung wuchs ins Unermessliche. Sie trieb mich mit ihrem Spiel fast in eine Ohnmacht. Immer wieder wechselte sie zwischen den beiden Öffnungen hin und her. Dann bemerkte ich, dass sie einen Finger in meinen Po schob und ihn hin und her bewegte. Wahnsinn! Ihre Zunge spielte nun mit meiner Klitoris und ich spürte, dass sie mir ihre Finger in meine Muschi schob. Ganz langsam und immer weiter. Ich wurde immer nasser und ihre Hand drang immer tiefer in mich, während ihre Lippen meinen Lusthügel fickten. Mein Körper vibrierte, ich schrie und explodierte förmlich in einem wahnsinnigen Orgasmus.

Solveig ließ ihre Zunge auf meiner Klit liegen, bewegte sie hin und wieder nur ganz sanft. Während meine Erregung abebbte, entzog sie ihre Hand meiner Yoni und streichelte meinen Po. Sie presste nun ihre Lippen ganz fest auf meine Muschi und saugte an der Lustperle und ich dachte, jetzt explodiere ich. Ein nie gekanntes Ziehen durchströmte meinen Körper, wurde stärker und stärker und ich flog durch die Weiten der Welten. Der geilste Orgasmus meines Lebens erfasste mich und zog mich in einen schwindelerregenden Strudel.

Ich war fix und fertig. «Was machst du nur mit mir?»

Schwer atmend lag ich neben Solveig, meine Arme und Beine schwer wie Blei.

Langsam erholte ich mich und meine Lebensgeister kehrten zurück.

«Jetzt bist du dran! Streck dich aus. Jetzt möchte ich, dass du die Englein singen hörst!»

Ich verwöhnte Solveig nach Strich und Faden und sie dankte es mir mit lautem Stöhnen und bei ihrem Höhepunkt schrie sie ihre Lust laut hinaus.

Wir umarmten und küssten uns und hielten uns ganz fest umschlungen.

«Solveig, du bist unglaublich. In meinen kühnsten Träumen habe ich mir das so nicht vorgestellt. Du bist eine unglaubliche Liebhaberin.»

«Du aber auch! Dafür, dass ich deine erste Frau bin, war das echt geil!»

Solveig streichelte meinen Nacken und fuhr mit ihren Fingernägeln meinen Rücken hinunter.

Ich merkte, wie sich meine Härchen aufstellten und schon wieder Lust in meinen Lenden erzeugten.

Pause, ich brauchte eine Pause.

«Solveig, was hältst du davon, wenn wir ein bisschen spazieren gehen und du zeigst mir die Gegend?»

«Gute Idee!», erwiderte Solveig und sprang aus dem Bett.

Nur Minuten später wanderten wir Arm in Arm durch die wundervolle Natur. Wir schwiegen, ein einvernehmliches Schweigen, wie es bei Menschen vorkommt, die sich wortlos verstehen.

Ohne es zu merken, waren wir vor dem Fischereimuseum stehen geblieben. Wir sahen uns an und schritten auf den Eingang zu.

Dieses Museum bekam seinen Charme durch seine besondere, familiäre Atmosphäre. Die Ausstellung war sehr einfach gestaltet. Wir trafen einen alten Mann und der erzählte uns sehr viel Interessantes über Produktion und Export von Trocken- und Klippfisch und die Unterschiede zwischen den Herstellungsverfahren und Qualitäten. Die Trockenfischherstellung scheint eine ähnlich komplexe Wissenschaft zu sein, wie die Weinproduktion.

Im oberen Stockwerk gab es auch einen deutschen Film zu sehen. Der war zwar schon recht alt und wurde nur auf einem kleinen Fernseher gezeigt, aber er war sehr interessant.

Das Besondere an diesem Museum: Man fühlte sich hier nicht als Tourist, sondern als freundlich und herzlich empfangener Gast. Einfach klasse!

«Jetzt habe ich schon wieder etwas gelernt!» Ich lachte Solveig an. «Lass uns gehen.»

Schweigend verließen wir das Gebäude. Nach einiger Zeit unterbrach Solveig die Stille: «Sollen wir gleich noch mal in die Sauna gehen?»

«Gute Idee!»

Schweigend beendeten wir unseren Ausflug, entledigten uns unserer Kleidung, schlüpften in die Bademäntel und gingen hinüber zur Sauna.

Die nächste halbe Stunde verbrachte ich in einem Wachtraum aus purer Lust.

Hand in Hand liefen wir hinaus und sprangen in einen Eiswasserkübel, den wir aber eiligst wieder verließen.

Schnell trockneten wir uns gegenseitig ab und schlüpften in unsere Klamotten.

«Solveig, du bist einmalig. Ich bin so verrückt nach dir.»

«Du auch, aber ich habe Hunger, sollen wir uns etwas zu Essen machen?»

«Gute Idee.»

«Worauf hast du Hunger?»

«Auf dich!» Ich tat so, als wollte ich mich auf sie stürzen.

«Stopp! Hunger!»

«Okay, ist ja schon gut. Magst du Pfannkuchen?»

Ich holte eine Schüssel aus dem Schrank, schlug drei Eier hinein, verquirlte sie mit etwas Salz, gab Mehl, eine Prise Natron und Milch hinzu und verrührte das Ganze zu einem zähflüssigen glatten Teig.

«Bist du so lieb und stellst die Pfanne auf den Herd?»

Solveig stellte die Herdplatte an und die Pfanne darauf, löffelte ein wenig Kokosöl hinein, nahm den Kochlöffel und klopfte mir auf den Hintern.

«Hey, wir sind hier nicht in einem SadoMaso-Studio!», rief ich empört tuend und grinste sie breit an.

«Ach, stell dich nicht so an, das magst du doch!»

Wir küssten uns und küssten uns und küssten uns. Erst das Brutzeln in der Pfanne erinnerte uns an unsere Mission. Den leiblichen Hunger stillen.

Die Pfannkuchen schmeckten vortrefflich.

«Und was machen wir jetzt? Sollen wir nach Reine ins Museum fahren?»

«Gute Idee! Auf geht's!»

Solveig startete den Van und ich setzte mich neben sie. Sicher steuerte sie das Fahrzeug über die enge Straße.

«Nie hätte ich mir träumen lassen, dass sich meine nächtlichen Träume realisieren. Du glaubst gar nicht, wie oft ich davon geträumt habe, mit einer Frau zusammen zu sein.»

Solveig lächelte mich an.

Als wir in dem ruhigen Dorf Reine angekommen sind, parkten wir und machten uns auf die Suche.

«Was für ein wunderschönes Dorf!», rief ich aus. «Lass uns durch die Gassen und dann zum Wasser gehen. Ich habe keine Lust auf noch mehr Museum.»

«Okay, das machen wir!»

Ein kleines und unglaublich malerisches Fischerdorf ist dieses Reine, mit roten und weißen Fischerhütten am Ufer und den umliegenden Gipfeln aus Granit, die aus dem Reinefjord schießen, hat sich das Dorf einen Ruf als *der schönste Ort der Welt* erworben.

Irgendwann waren wir müde, nachdem wir über viele kleine Brücken und durch winkelige Sträßchen gegangen waren und ruhten uns auf einem Stein aus.

«Da, schau, das Gammelbua Restaurant! Lass uns einen Kaffee trinken gehen.»

«Gute Idee!»

Entspannt schlürften wir unseren Kaffee.

«Sollen wir Hartmut abholen? Er müsste so langsam zurück sein.»

Ich brauchte frische Luft.

«Ja, gerne. Sollen wir ihm von unserem Tag erzählen?»

«Nein, erst mal nicht. Mal schauen, was er so zu berichten hat. Und wir können ihm heute Abend eine Überraschung bieten. Bist du dabei?»

«Ja, klar! Sex ist für mich, wie für andere das tägliche Brot.» Solveig sah mir schmachtend in die Augen.

Ich boxte sie in die Rippen, was sie erwiderte und so stupsten wir uns gegenseitig, lachten uns kaputt und die anderen Gäste sahen zu uns hinüber.

«Lass uns gehen! Sonst verpassen wir noch das Schiff!»

«Zu Befehl!» Solveig schlug die Hacken zusammen und führte die rechte Hand zur Schläfe.

Ich hakte mich bei ihr ein und wir schlenderten lachend zum Auto.

Das Schiff mit Hartmut an Bord und wir, erreichten gleichzeitig den Hafen. Wir fielen uns in die Arme und Hartmut berichtete von seinem Ausflug. Er redete und redete und fand kein Ende, so aufregend und spannend war sein Tag.

Ich grinste. Ja, so war er, mein Hartmut, immer so begeistert, wenn er etwas Schönes erlebt hatte.

Solveig und ich hakten uns bei ihm unter und dirigierten ihn zum Restaurant. Wir wollten mit ihm essen gehen, hatten Lust auf Fisch.

Später, in unserer Wohninsel, machten wir uns es bequem, nachdem Hartmut den Ofen eingeheizt hatte.

Eine Vision, innerhalb einer Vision. Verrückt! Schoss es mir durch den Sinn. Dann ergab ich mich den Bildern vor meinem inneren Auge.

Solveig lag nackt neben Hartmut. Sie war schöner, als es der menschliche Verstand begreifen konnte. Ihr hellblondes Haar lag auf dem Kissen und ihre betörenden blauen Augen sahen mich verheißungsvoll an.

«Ute, was möchtest du trinken? Soll ich einen Weißwein öffnen? Und du, Solveig, du auch?»

So abrupt aus meinem Tagtraum gerissen, sah ich zu Solveig hinüber und rief: «Ja, gerne, mein Schatz!»

Ich lehnte mich zurück, schloss meine Augen und kehrte zu meinem Tagtraum zurück.

Ich ließ meinen Blick an ihrem Körper entlang wandern. Sie war bis zum letzten Zeh ihrer filigranen Füße perfekt. Feingliedrig, schlank und muskulös.

Hartmut brachte uns ein Glas Wein, er nahm einen Cognac und wir prosteten uns zu.

«Was schlagt ihr vor, dass wir jetzt tun?»

Ich seufzte: «Las uns einfach zusammen sein.»

Hartmut schmunzelte: «Das gefällt dir hier, nicht wahr?», und küsste mich leidenschaftlich.

Wir plauderten noch eine Weile und verschwanden dann im Schlafzimmer.

Wir erlebten traumhaften und unglaublich erfüllenden Sex und schliefen dann völlig erschöpft ein, um Minuten später in einem Traum gefangen zu sein.

Hartmut griff nach Solveig und spürte ihr festes Fleisch unter seinem Griff. Sein Verstand setzte wohl vollends aus. Er nahm Solveig mit der Gier eines Verdurstenden. Die Vereinigung mit ihr war wie frisches eiskaltes Quellwasser, das seinen Durst löschte und jede Faser seines Körpers erreichte und belebte. Er fühlte die kühlen Laken und Solveigs heiße Haut. Gemeinsam bewegten sie sich in einem Strudel abwärts, der sie weiter und weiter und weiter in die Tiefe zog und dessen Druck sie enger und enger aneinander presste. Hartmut spürte den Schweiß zwischen ihren Leibern rinnen. Er war halb wahnsinnig vor Lust. Als sich der Liebesakt dem ersten Höhepunkt näherte, hörte er sich selbst rhythmisch stöhnen. Er brüllte und versuchte sich von Solveig zu lösen, aber sie ließ ihn nicht. Er öffnete die Augen und blickte in Solveigs unergründlich schwarze Pupillen. Jede in einer dunkelblauen Iris weit und tief. Sein Herz setzte aus, blieb stehen, um einen Moment später, wie ein eiserner Hammer seine Brust zu zerreißen. Der Schweiß lief ihm in Strömen am Körper hinab und noch immer hielt ihn Solveig mit ihren langen Beinen umfangen. Unbarmherzig wie eine Schraubzwinge zog sie ihn immer wieder und wieder an ihren Körper heran. Dann wurden ihre Bewegungen langsamer und hörten schließlich ganz auf. Hartmut bäumte sich zum zweiten Mal auf und wurde von dem schwarzen Strudel verschlungen.

Ich verließ meinen Beobachterposten und legte mich zu den Beiden. Ich streichelte zuerst Solveig und dann meinen Mann.

Minutenlang genossen sie die Bewegungen meiner Hände und schauten mich dankbar an.

Hartmut und Solveig sahen sich an und nickten einvernehmlich.

«Ute, jetzt bist du dran und wir möchten, dass du dich ganz entspannst.»

Ich legte mich, öffnete meine Beine ein wenig und ließ meine Hände entspannt neben mir liegen.

Hartmut und Solveig haben sich links und rechts neben mich gekniet und sie begannen meinen Körper zu massieren. Es war schön, sich so fallen zu lassen und ich schloss meine Augen. Jetzt spürte ich alles viel intensiver, das Kreisen der Hände, das Küssen der Lippen, die auf meinem Körper eine heiße Spur hinterließen.

Hartmut drehte mich um und ich kniete vor ihm, mein Po ragte in die Luft. Solveig kroch unter mich und leckte mich einfach himmlisch. Und ich leckte Solveig.

Hartmut weitete mit viel Öl meinen Anus, dann stieß er mit aller Kraft sein steifes Glied in meinen Po und nahm mich hart. Solveig intensivierte mit ihrer Zunge meine Lust. Ich wurde von einem Strudel der ekstatischen Lust zu wahren Lustschreien animiert. Ich keuchte und schrie meinen Orgasmus laut hinaus.

Abschied

Wir haben zwei unglaublich schöne, erlebnisreiche und erotische Wochen verbracht. Wir haben uns die ganze Gegend angesehen und sind auch noch ein paar Mal mit dem Boot nach Kap Lofotodden, bei schönem Wetter auch noch einmal alle zusammen zu den Inseln Mosken und Vaerroey gefahren. Diesen Urlaub werde ich mein Leben lang nicht vergessen und Solveig auch nicht. Bald schon wird sie für ein Jahr in Richtung Südpol schippern.

«Aufstehen! Ihr Schlafmützen! Das Frühstück ist fertig!»

Hartmut hatte den Frühstückstisch liebevoll gedeckt, Kerzen entzündet und sogar einen Blumenstrauß ergattert.

Frische Brötchen und der Kaffee verströmten einen hungrigmachenden Duft.

«Hartmut, du bist der Beste! Wie schön du alles arrangiert hast.»

«Ich möchte mich bei meinen beiden Engeln bedanken, für diese Nächte, diese Lust und euer Dasein. Ihr bereichert mein Leben auf ungeahnte Weise und keine Minute unseres kleinen *tète á tète* möchte ich je wieder vergessen. Ihr seid einfach unglaublich und ich liebe euch, jede für sich.»

Also ist es doch möglich, zwei Menschen zu

lieben, dachte ich und freute mich, dass es meinem Mann genauso erging. Es war einfach über uns gekommen.

Ich gab Solveig einen Kuss auf die Wange. «Solveig, wir danken dir für die tolle Organisation und ich möchte dich gerne wiedersehen und ich glaube, ich kann auch sagen, dass sich Hartmut ebenfalls freuen wird, wenn du uns einmal besuchen kommst. Spontan und wie es dir gefällt.»

«Das werde ich liebend gerne tun. Vielleicht, bevor ich zum Südpol aufbreche! Dort habe ich dann unheimlich viel Zeit zu träumen.»

A Dream Within a Dream.

Edgar Allan Poe

Take this kiss upon the brow!
And, in parting from you now,
Thus much let me avow
You are not wrong, who deem
That my days have been a dream;
Yet if hope has flown away
In a night, or in a day,
In a vision, or in none,
Is it therefore the less gone?
All that we see or seem,
Is but a dream within a dream.

I stand amid the roar
of a surf-tormented shore,
and i hold within my hand
grains of the golden sand
how few! Yet how they creep
through my fingers to the deep,
while i weep – while i weep!
O god! Can i not grasp
them with a tighter clasp?
O god! Can i not save
one from the pitiless wave?
Is all that we see or seem,
but a dream within a dream?

Historisches zum Mahlstrom

In dem vom Bischof Olaus Magnus, 1562 (M.D.LXII) in Rom erschienenen Buch Historia de gentibus septentrionalibus, Eine Beschreibung der Nordvölker, wird erstmals eine Charybdis, ein Meeresungeheuer, zwischen den Inseln Loffoeth und Rost in Nordnorwegen beschrieben, die in Kapitel 8, Titel: De fluxu et refluxu Oceani mit der Bezeichnung Mostastroom genannt wird. Die Charybdis war ein gestaltloses Meeresungeheuer aus der griechischen Mythologie, das gemeinsam mit der Skylla in der Straße von Messina lebte. Sie sog dreimal am Tag das Meerwasser ein, um es danach brüllend wieder auszustoßen. Schiffe, die in den Sog gerieten, waren verloren.

1834 erschien vom Autor A. Duncan im The Mariner's Chronicle in New Haven ein Artikel, der unter dem Titel Ein Bericht über den Wirbelstrom von Drontheim im Alexander's Weekly Messenger am 10. Oktober 1838 abgedruckt wurde.

Darin beschreibt Duncan sehr detailliert den Wirbel des Mahlstroms bei den Lofoteninseln in Nordnorwegen erstmals in der amerikanischen Literatur - 300 Jahre nach der letzten europäischen Nennung im Historia de gentibus septentrionalibus.

Duncans Artikel, acht Jahre zuvor geschrieben, wurde 1841 für Edgar Allan Poe die Vorlage zu dessen Geschichte A Descent into the Maelstrom, die dann, ins französische Übersetzt nach Europa kam und Einfluss auf Jules Verne u.a. hatte.

Literaturverzeichnis

Edgar Allan Poe, Erzählungen,
Bosse, Breitschneider, Glotz,
Winkler Verlag, München, 1959

Edgar Allan Poe, Im Wirbel des Maelström,
Übersetzung von Otto Weith,
Reclam Verlag, Stuttgart, 1970
Originaltitel: A Descent into the Maelström, Erstveröffentlichung in «Graham's Lady's and Gentleman's Magazine», Mai 1841. Die vermutete Quelle für Poe war: Ein Bericht über den Wirbelstrom von Drontheim, in «Alexander's Weekly Messenger». Oktober 1838 und A.Duncan's Artikel im «The Mariner's Chronicle», New Haven, 1834.

*